CHANTS ET CHANSONS

(POÉSIE ET MUSIQUE)

DE

PIERRE DUPONT

ORNÉS DE GRAVURES SUR ACIER

D'APRÈS LES DESSINS DE

TONY JOHANNOT, ANDRIEUX, GAVARNI, C. NANTEUIL, STAAL,
FATH, BEAUCÉ, VEYRASSAT, ETC., ETC.

TOME DEUXIÈME

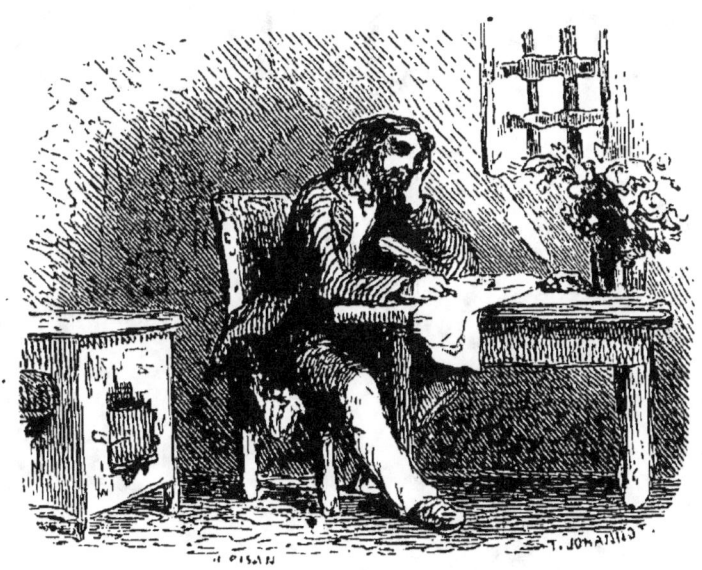

PARIS

LÉCRIVAIN ET TOUBON, LIBRAIRES,

10, RUE GIT-LE-CŒUR.

MDCCCLVIII

CHANTS ET CHANSONS
DE
PIERRE DUPONT

TOME DEUXIÈME.

Paris. — Typographie de Henri Plon, rue Garancière, 8.

PIERRE DUPONT

MUSICIEN.

Le titre seul de cette notice indique suffisamment que nous n'allons nous occuper de Pierre Dupont qu'au point de vue musical. — D'autres l'ont jugé comme poëte et comme homme politique, et tous, malgré la divergence de leurs opinions, n'ont pas hésité à le classer au nombre des individualités les plus marquantes de notre temps. Pierre Dupont doit avoir aussi sa place parmi nos musiciens contemporains, et quelque incomplet que soit son talent, il nous paraît digne d'une attention particulière et d'une critique raisonnée.

On se souvient de la faveur qui accueillit la chanson des *Bœufs* et la ballade des *Louis d'or*; bien des gens dont l'opinion avait habituellement une certaine autorité, protestèrent cependant contre un succès qui ne leur paraissait pas de bon aloi, par cette seule raison que Pierre Dupont n'avait pas la moindre notion de musique; ils reprochèrent à ses chants de manquer de *carrure*, et les trouvèrent remarquables plutôt par une grande bizarrerie que par une véritable originalité. Ces reproches ne nous semblent pas fondés.

Pierre Dupont, il est vrai, ignore les plus simples règles de l'art musical et se laisse aller volontiers à tous les caprices de la fantaisie; mais cela veut-il dire que ces compositions soient dépourvues d'intérêt, de poésie et de verve? Assurément non. Si Pierre Dupont n'a jamais étudié la musique, c'est qu'il a pensé que cette faculté qu'il possède de produire la mélodie s'altérerait peut-être dès l'instant où entraîné par le désir de prouver son érudition musicale, il chercherait à encadrer ses inspirations dans les formes prescrites. Il a craint, en devenant trop savant, de ne plus être aussi original et aussi fécond, et cette crainte est suffisamment justifiée, toute proportion de talent gardée, par la grande quantité de compositeurs chez lesquels, aujourd'hui, la science acquise l'a été aux dépens de l'originalité et de l'inspiration. Et puis, une fois Pierre Dupont initié aux secrets de la fugue et du contre-point, n'est-il pas probable que, poussé par une ambition toute naturelle, il eût essayé d'agrandir le cercle de son talent, et qu'au lieu de se contenter d'une certaine célébrité comme chansonnier, il fût devenu un médiocre compositeur de symphonie ou d'opéra? Nous ne blâmons donc pas Pierre Dupont d'être resté ce que la nature l'avait fait, et d'avoir compris que chez les intelligences d'élite certaines imperfections ne sont bien souvent que le cachet du génie.

La manière de Pierre Dupont a une certaine analogie avec celle d'Hippolyte Monpou, et la critique a cru devoir constater chez l'un comme chez l'autre des défauts à peu près semblables. L'auteur de *Piquillo*, des *Deux archers* et de l'*Andalouse* n'en a pas moins parcouru avec éclat sa carrière d'artiste, et quand la mort est venue le frapper dans toute la force du talent et de la jeunesse, son nom était déjà inscrit par la renommée non loin de ceux d'Hérold, d'Auber et de Boïeldieu. Pierre Dupont, lui aussi, dans l'étroite sphère où il a eu la modestie ou l'orgueil de se placer, restera, en dépit des oppositions systématiques qu'il aura rencontrées sur sa route, comme un des types les plus saisissants et les plus exceptionnels d'un genre qu'assurément il n'a pas créé, mais auquel son imagination a su donner un développement, un intérêt et une popularité incontestables.

Un fait digne d'être signalé, c'est que chez Pierre Dupont l'inspiration musicale n'est que la conséquence de l'inspiration poétique ; il se sert de la musique comme d'une langue plus éloquente, plus voluptueuse et plus sonore pour traduire sa pensée : il est musicien parce qu'il est poëte ; et contrairement aux *rapsodes* de l'ancienne Grèce qui improvisaient des chants populaires sur des fragments de différents poëmes recousus ensemble, il ne saurait chanter d'autres poésies que les siennes (1).

Pierre Dupont a besoin de l'aide d'un artiste expérimenté pour noter sur le papier sa pensée musicale. Ce travail, assez simple en apparence, se complique singulièrement par la difficulté qu'il y a de saisir d'abord le caractère de la mélodie, à laquelle Dupont donne assez ordinairement l'allure indécise du récitatif, et de l'arrêter ensuite, autant que possible, d'après les règles établies, sans en altérer ni le sentiment ni la couleur. Une pareille besogne ne peut être bien faite que par un musicien qui comprend Pierre Dupont, qui l'apprécie, qui l'aime, et qui, mettant de côté toute conviction personnelle à l'endroit du style et de la prosodie, ne touche à l'œuvre du compositeur que dans un cas d'absolue nécessité et avec la plus entière réserve.

Plusieurs des chants et chansons de Pierre Dupont (nous nous servons de ce titre accepté pour désigner l'ensemble des œuvres lyriques de notre poëte), plusieurs de ces chansons, disons-nous, ont été publiées avec accompagnement de piano ou de guitare. Presque tous ces accompagnements, bien qu'ils aient été écrits par des artistes de talent, nous paraissent faits à un point de vue un peu trop mercantile ; on a cherché avant tout à les rendre d'une exécution facile qui les mît à la portée d'un plus grand nombre d'*amateurs*, et leur excessive simplicité, quand elle n'a pas altéré le caractère de la mélodie, a souvent empêché l'appréciation exacte des effets d'imitation qui existent dans la majeure partie des chants de Pierre Dupont. Lui-même

---

(1) Nous trouvons la preuve de cette assertion dans la médiocrité de quelques mélodies que Pierre Dupont a composées sur des poésies d'autres auteurs.

entend toutes ces harmonies, et il nous les a définies dans la naïveté de son langage musical toutes les fois que nous avons eu l'occasion d'écrire ses mélodies ou d'en composer les accompagnements. Nous avons toujours recueilli avec soin les indications qu'il nous a données ; nous nous sommes pénétré de ses intentions, et peut-être avons-nous pu réussir ainsi à reproduire fidèlement sa pensée, à l'exprimer dans ses plus minutieux détails, et à répandre une teinte homogène sur les différentes parties de son œuvre. Nous avouons assez franchement par quels moyens nous sommes arrivé à ce résultat, pour ne pas laisser supposer que nous voulons en tirer le moindre mérite.

Nous n'entrerons pas dans une analyse détaillée des compositions de Pierre Dupont : un recueil de chansons ne s'analyse pas comme une partition d'opéra. Nous dirons seulement qu'elles se divisent en plusieurs catégories, ayant chacune leur caractère distinctif. Les *Chants rustiques* viennent en première ligne. *Les Bœufs*, *les Louis d'or*, *les Sapins*, *la Vigne*, *la Musette neuve*, *les Fraises des bois*, *la Mère Jeanne*, *la Fille du cabaret*, *le Lavoir* et *le Noël des paysans*, sont aussi remarquables par la fraîcheur, la simplicité et la grâce de la mélodie que par la nouveauté du rhythme et de la forme. Parmi ces chants rustiques, quelques uns sont conçus dans un sentiment musical tout à fait à la hauteur de la portée philosophique que le poëte leur a donnée : *le Sauvage*, *Belzébuth* et *les Sapins*, dont le récitatif est largement accentué et la prière saintement recueillie, sont de grandes scènes dramatiques qui appellent les sonorités imposantes de l'orchestre.

Dans le genre qui se rapproche le plus de la romance ordinaire, nous citerons *la Promenade sur l'eau*, *la Déluissée*, *le Dahlia bleu* et *Mon bien aimé*, suaves inspirations toutes pleines d'amour, de tristesse et de rêverie ; *la Sérénade du paysan* et *le Tisserand*, mélodies légères et imitatives ; *la Comtesse Marguerite* et *les Fers à cheval*, qui ont bien le caractère mystérieux du fabliau et de la légende ; *le Tonneau* et *les Taureaux*, dans lesquels on retrouve cette verve entraînante et joyeuse des chansons méridionales.

De tous ces refrains, empreints pour la plupart d'une couleur locale pleine de vérité et de poésie, les uns ont été inspirés au compositeur sous le chaume du villageois, à la table du paysan ou dans la mansarde de l'ouvrier ; les autres lui ont été chantés par la grande voix de la nature : il les a entendus au sein de la forêt, sous les grands arbres, le long des fleuves dont les ondes harmonieuses sillonnent la vallée entre des haies de nénuphars et de lauriers-roses, au creux des ravins embaumés et sous les frais ombrages de la tonnelle, à l'heure où le rossignol s'éveille sur des buissons en fleurs et où commence, au milieu du silence des solitudes, ce concert céleste formé d'accords mystérieux et de sublimes harmonies.

Nous venons d'indiquer à quelle source le poëte a puisé ses inspirations mélodiques; il n'est donc pas possible de l'accuser de plagiat et de réminiscences. S'il a intercalé dans quelques unes de ses compositions des fragments de chansons populaires ou d'airs nationaux, comme dans *la Musette neuve*, par exemple, il l'a fait avec une intention évidente dont on ne saurait le blâmer, de même qu'on n'a jamais reproché à nos plus grands maîtres d'avoir reproduit textuellement, dans certaines pages de leurs œuvres, des mélodies originales empruntées à l'Italie, à l'Espagne, à l'Allemagne et à l'Orient.

Bien que les chants dits *politiques* soient, à notre avis, inférieurs aux autres, il nous semble que cette portion des œuvres de Pierre Dupont a été jugée d'une façon trop partiale et trop sévère. Cela tient évidemment à ce que l'esprit de parti n'est pas resté étranger à la critique. Il est difficile en effet, d'entendre le *Chant du pain*, le *Chant des transportés* et le *Chant des soldats*, sans être frappé de l'allure franche et énergique du rhythme et de la mélodie. Quant au *Chant des ouvriers*, cette Marseillaise du travail, cet hymne de paix et de liberté, nous le trouvons à la hauteur de la poésie, et c'est certainement là le plus bel éloge que nous en puissions faire.

Les compositions de Pierre Dupont ne sont pas d'une interprétation aisée ; personne ne sait les détailler et les accentuer comme lui avec cet esprit, ce sentiment et cette verve que l'auteur trouve presque toujours dans l'amour de son œuvre (1). La voix de Pierre Dupont est très étendue, d'un timbre sympathique plein de charme et de sonorité ; tantôt elle vibre avec enthousiasme, tantôt elle a des inflexions d'une douceur et d'une tendresse inexprimables. Lorsque Pierre Dupont déclame ses chants, la physionomie du poëte reflète les émotions de son âme ; les sensations qu'il vous fait éprouver se développent graduellement, comme si elles vous étaient communiquées par une influence magnétique; l'admiration qui vous gagne se traduit en élans spontanés et irrésistibles.

Nous n'ajouterons qu'un mot à l'appréciation que nous venons de faire du talent musical de Pierre Dupont, et nous dirons à ceux qui refusent obstinément de le reconnaître: Malgré les incorrections qu'on leur reproche, et en dépit des attaques malveillantes dont ils sont l'objet, les chants de Pierre Dupont n'en acquièrent pas moins de jour en jour une popularité plus étendue, et dans l'avenir la célébrité du poëte suffira à sauver de l'oubli l'œuvre imparfaite du musicien.

E. REYER.

(1) Nous croyons cependant devoir rendre ici un hommage sincère au talent de MM. Darcier et Junca, artistes intelligents et habiles qui ont largement contribué à propager le succès des compositions de Pierre Dupont.

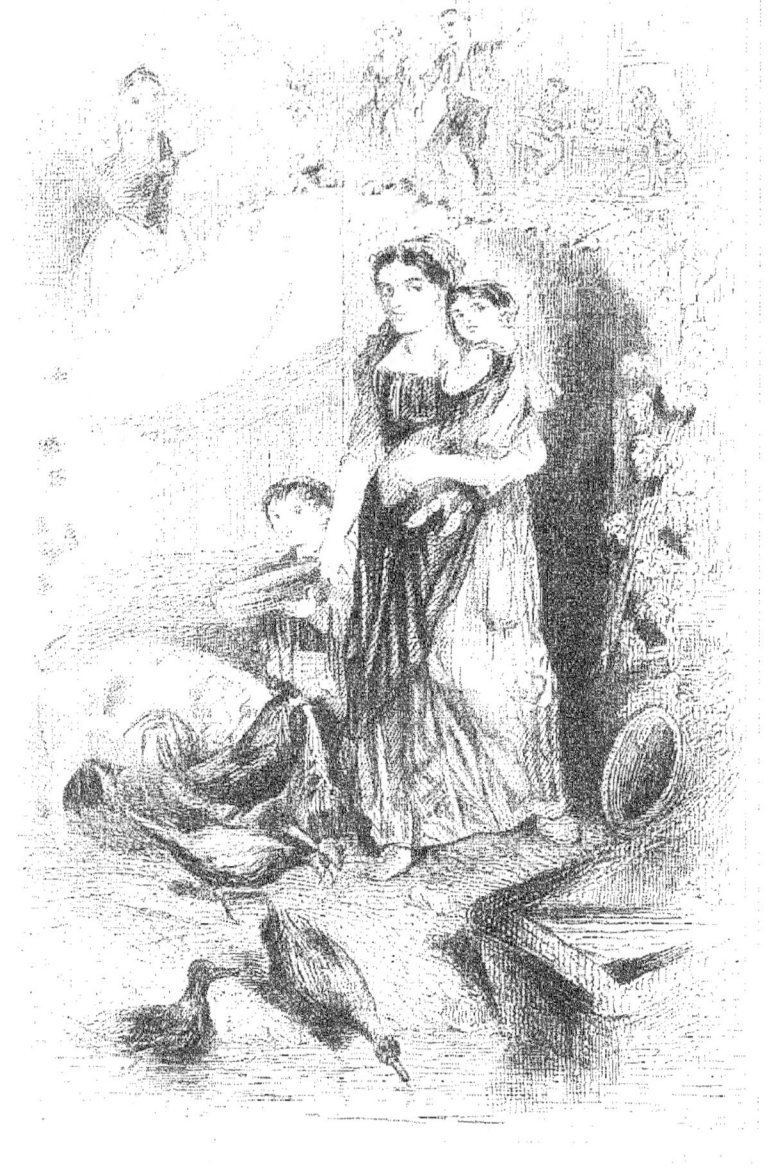

CHANTS ET CHANSONS
DE
PIERRE DUPONT.

LA MÈRE JEANNE.

Dans la vie on ne reste guères
A l'âge riant des amours,
Les ans vont comme les rivières,
Et rien n'en peut barrer le cours.
Je ne suis plus la fille fraîche
Que l'on appelait Jeanneton;
Le soleil a rougi la pêche,
Le rosier n'est plus en bouton.

Je suis la mère Jeanne
Et j'aime tous mes nourrissons,
Mon cochon, mon taureau, mon âne;
Vaches, poulets, filles, garçons,
Dindons, et j'aime leurs chansons,
Comme, étant jeune paysanne,
J'aimais la voix de mes pinsons.

Quand j'étais encore jeunette,
Une autre ne posait pas mieux
Le papillon de sa cornette,
Et le chignon de ses cheveux;
Maintenant c'est une autre affaire,
Il s'agit bien de coqueter;
Du jour qu'on est mère et fermière.
On a d'autres chiens à fouetter.

Je suis la mère Jeanne
Et j'aime tous mes nourrissons,
Mon cochon, mon taureau, mon âne,
Vaches, poulets, filles, garçons,
Dindons, et j'aime leurs chansons,
Comme, étant jeune paysanne,
J'aimais la voix de mes pinsons.

C'est la moisson, c'est la vendange,
Les semailles, la fenaison,
C'est la lessive, et tout ça mange,
Tout ça boit plus que de raison.
Il faut qu'à tout je remédie,
Le bétail est ensorcelé,
Les enfants ont la maladie,
Cette nuit la vache a vêlé.

Je suis la mère Jeanne
Et j'aime tous mes nourrissons,
Mon cochon, mon taureau, mon âne,
Vaches, poulets, filles, garçons,
Dindons, et j'aime leurs chansons,
Comme, étant jeune paysanne,
J'aimais la voix de mes pinsons.

Venez poules à crête rouge,
Et mon beau coq tambour major!
J'aime que tout ce monde bouge,
Je vois remuer mon trésor :
Ces marcassins, ce veau qui tette,
Ces canetons qui vont nageant,
Cet agneau qui bêle à tû-tête,
C'est pour moi le bruit de l'argent.

 Je suis la mère Jeanne
Et j'aime tous mes nourrissons,
Mon cochon, mon taureau, mon âne,
Vaches, poulets, filles, garçons,
Dindons, et j'aime leurs chansons,
Comme, étant jeune paysanne,
J'aimais la voix de mes pinsons.

C'est qu'il en faut dans un ménage,
De l'argent blanc, de l'or vaillant;
On n'en gagne pour son usage
Qu'en bien veillant et travaillant;
Par dessus votre homme se grise,
Et trébuche en rentrant au nid;
On se bat, mais après la crise,
On s'embrasse et tout est fini :

 Je suis la mère Jeanne
Et j'aime tous mes nourrissons,
Mon cochon, mon taureau, mon âne,
Vaches, poulets, filles, garçons,
Dindons, et j'aime leurs chansons,
Comme, étant jeune paysanne,
J'aimais la voix de mes pinsons.

LA MÈRE JEANNE.

A M. PAUL DERVÈS.

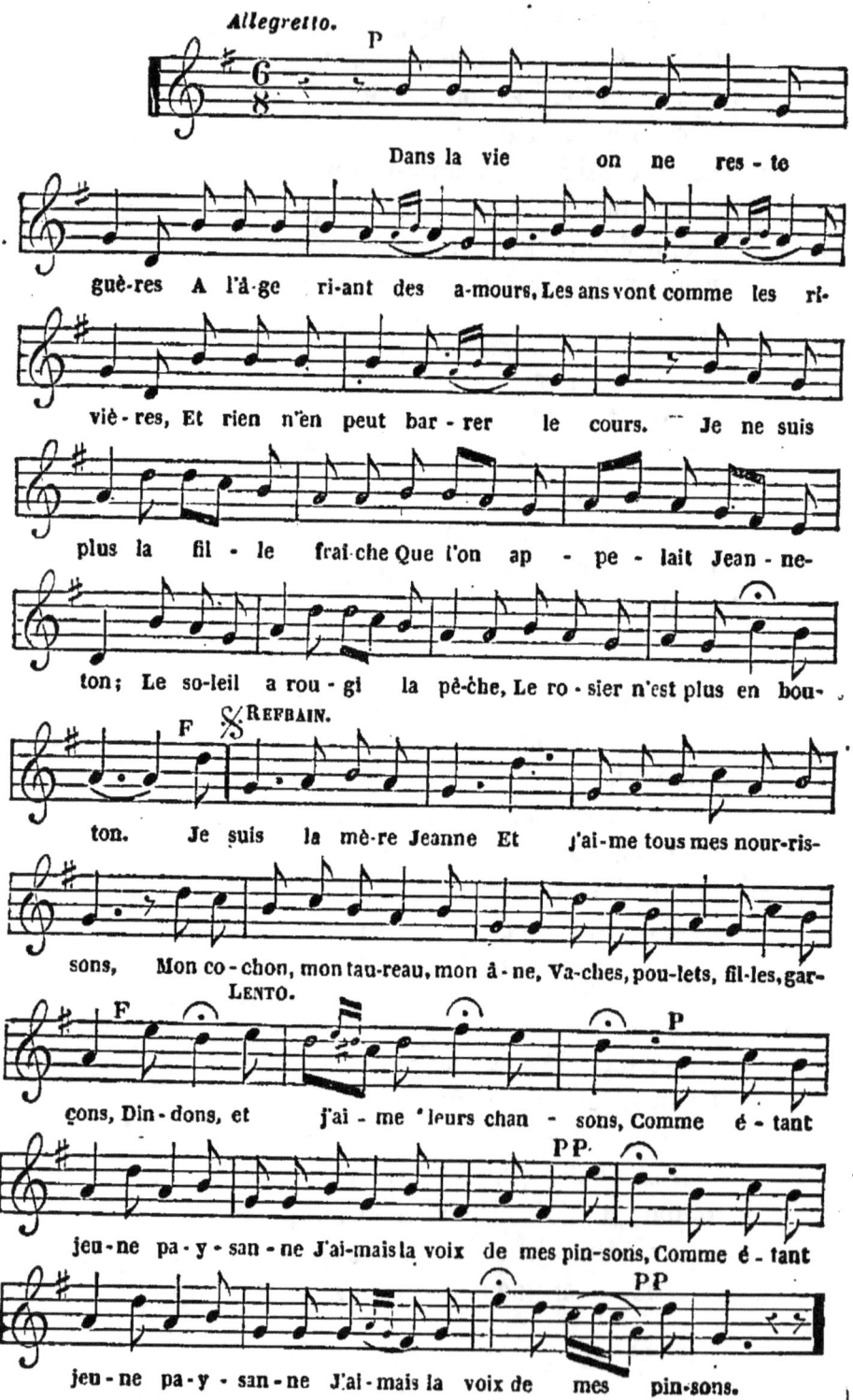

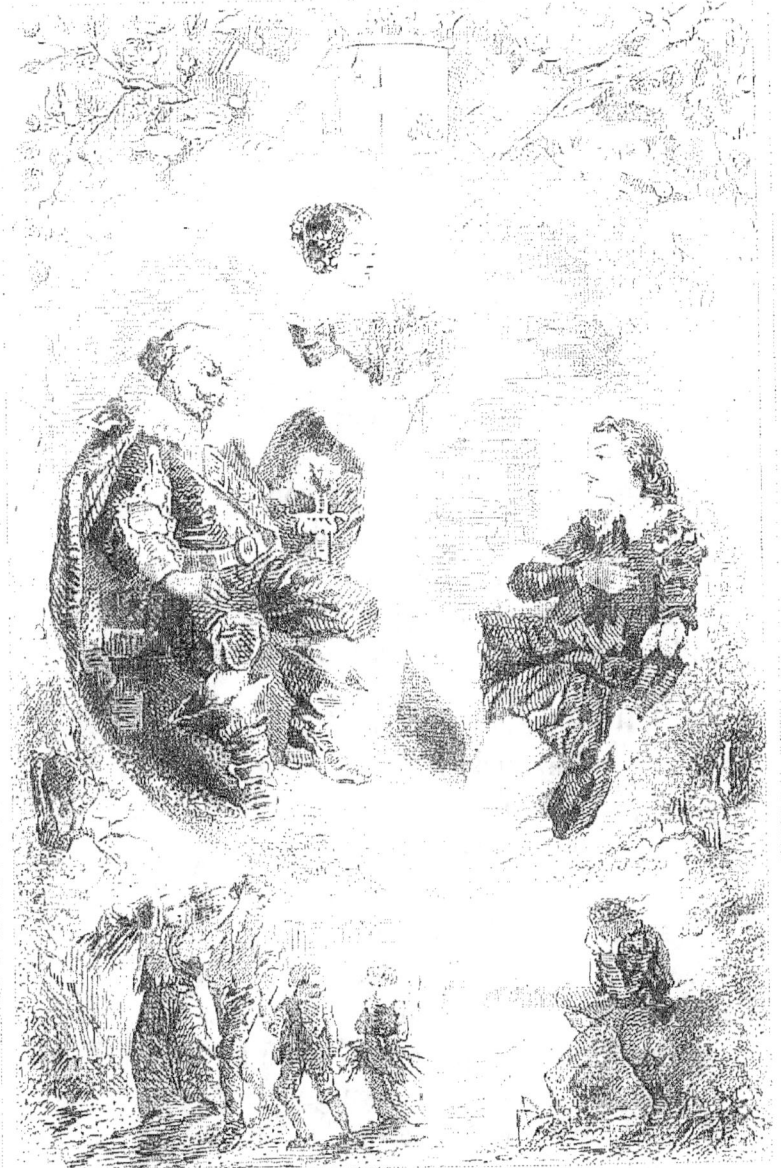

EUSÈBE.

Les bûcherons de la vallée
Montrent au doigt le jeune fou,
Sa chevelure échevelée
A tous les vents bat sur son cou ;
Son œil, bleu comme l'eau du fleuve,
Roule parfois un pleur amer ;
Car son cœur subit une épreuve
Plus grande que l'eau de la mer.

  Il aime, folie extrême !
   Enfant de rien,
   La fille même
   Du baron chrétien.

A sa fenêtre il l'a surprise
Se regardant à son miroir ;
Il erre du parc à l'église,
Dans les taillis, pour l'entrevoir ;
Elle est grande, leste et mignonne ;
De la chevelure au soulier,
On voit qu'elle est une baronne,
Et lui n'est rien qu'un écolier.

  Il aime, folie extrême !
   Enfant de rien,
   La fille même
   Du baron chrétien.

C'est un écolier d'aventure,
Ne sachant ni grec ni latin,
Qui s'est épris de la nature
Et de la belle un beau matin :
Il faut qu'au monde tout lui cède ;
Le baron lui résisterait,
Dieu lui-même vient à son aide,
Et lui révèle un grand secret :

 Il aime, folie extrême !
  Enfant de rien,
  La fille même
  Du baron chrétien.

Ce grand secret, ce beau mystère,
Qui le change en un Salomon,
C'est que riche et pauvre sur terre
Sont pétris d'un même limon ;
Que l'amour seul et la science
Élèvent le commun niveau :
Avec son secret il s'avance
Jusqu'à la porte du château.

 Il aime, folie extrême !
  Enfant de rien,
  La fille même
  Du baron chrétien.

Il parle au nom de la science
Et de l'amour au vieux baron,
Qui porte croix et fer de lance
Sur chant d'azur avec fleuron :
« Ce serait une vilenie, »
Dit le baron peu convaincu,

« De voir figurer ton génie
» Et ton amour sur mon écu ! »

  Il aime, folie extrême !
   Enfant de rien,
   La fille même
   Du baron chrétien.

La vierge écoutait bouche close,
Et cependant ses jolis doigts
Cueillaient du laurier, de la rose,
Parmi les arbustes du bois :
Ajoutons à nos armoiries,
Fit-elle au baron résigné,
Ces branches nobles et fleuries.
Ainsi le contrat fut signé.

  Il m'aime, bonheur suprême !
   Son cœur vaut bien
   La fille même
   Du baron chrétien.

EUSÈBE.

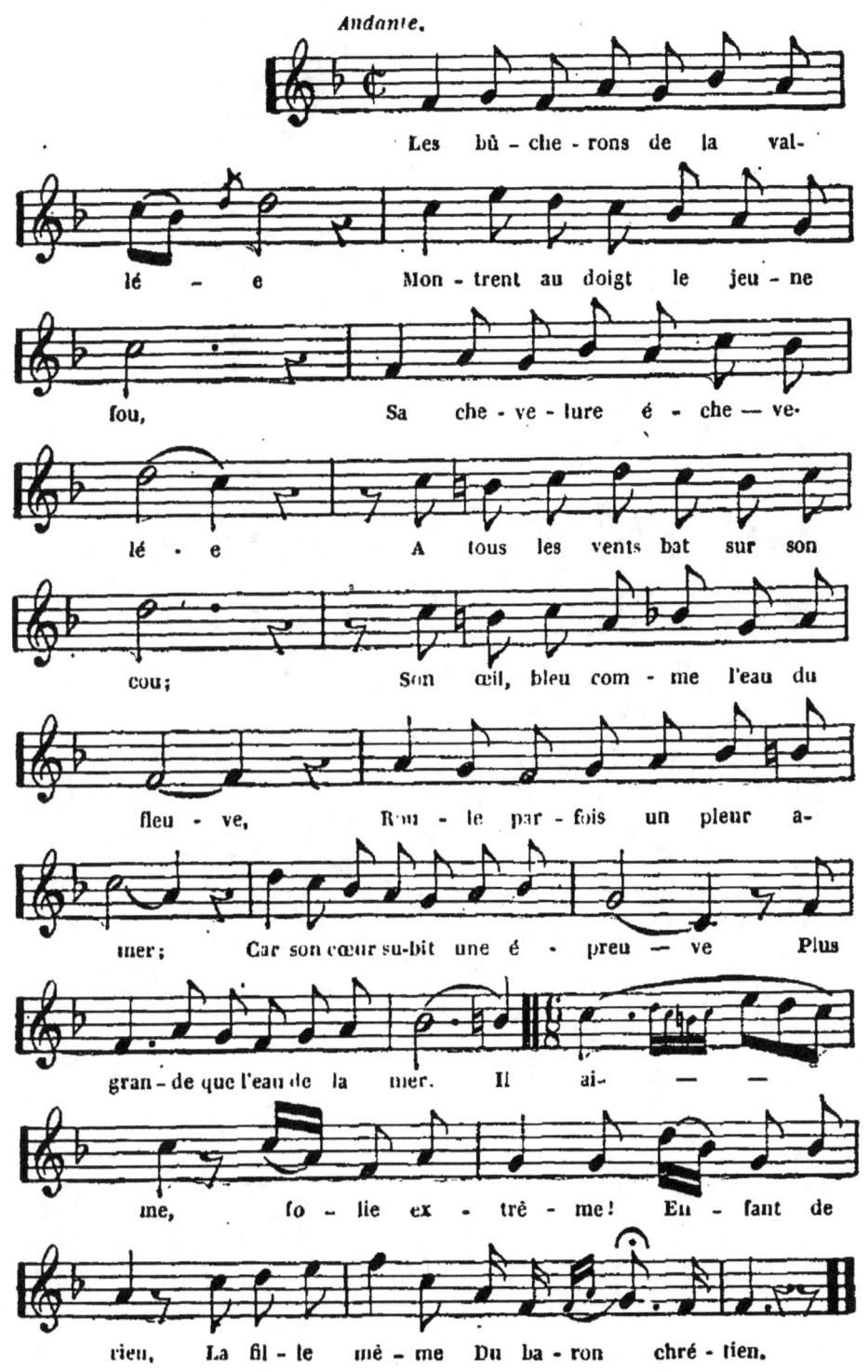

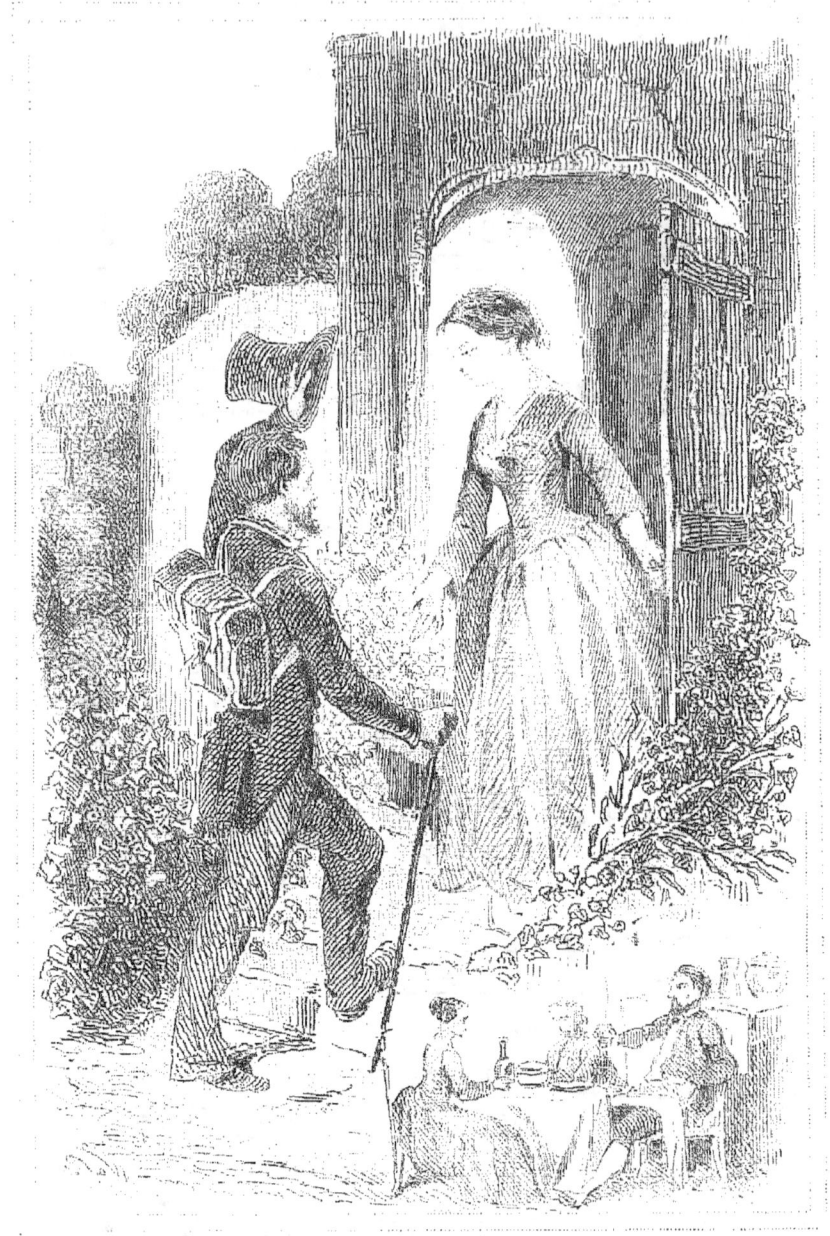

L'HOSPITALITÉ.

A MADAME B***.

N'es-tu que la déesse antique
Vivante en un marbre sculpté,
Vertu pieuse et domestique
Qu'on nomme l'hospitalité ?
Tu m'apparais sous une image
Qui parle mieux à mon regard :
C'est en un riant paysage
Une hôtesse bonne et sans art.

Eh ! bonjour, madame l'hôtesse !
Du logis tirez les verrous.
— « Sur le seuil laissez la tristesse,
» Et venez, vous êtes chez-vous. »

Sa maison est l'hôtellerie
Qui d'enseigne n'a pas besoin.
L'avenue est verte et fleurie,
Son parfum l'annonce de loin.
Son escalier de pierre grise
Est doux au pas de l'étranger,
Qui sent au passage une brise
De chèvrefeuille et d'oranger.

Eh ! bonjour, madame l'hôtesse !
Du logis tirez les verrous.

— « Sur le seuil laissez la tristesse,
» Et venez, vous êtes chez vous. »

Si l'estomac vous sollicite,
Entrez ! votre couvert est mis :
La table n'est point si petite
Qu'on n'y reçoive ses amis.
Le dressoir chargé de vaisselle
Excite un curieux coup d'œil ;
Le vin rit, la nappe étincelle,
Il faut céder à cet accueil.

Eh ! bonjour, madame l'hôtesse !
Du logis tirez les verrous.
— « Sur le seuil laissez la tristesse,
» Et venez, vous êtes chez vous. »

L'hôtesse à manger vous invite,
L'hôte joyeux sert d'échanson,
Et souvent le dîner s'acquitte
Avec une simple chanson.
Il faut ouïr, au choc des verres,
Ces accords sans diapason
Où s'épanchent les cœurs sincères
A faire trembler la maison.

Eh ! bonjour, madame l'hôtesse !
Du logis tirez les verrous.
— « Sur le seuil laissez la tristesse,
» Et venez, vous êtes chez vous. »

Voici la clef de la cellule :
Un lit de moine vous attend ;
Du crépuscule au crépuscule
On dort, le rossignol chantant

A l'aube, un doux bruit vous éveille,
Concert de sons et de couleurs :
De pinson, de bouvreuil, d'abeille,
Dans le feuillage et dans les fleurs.

Eh ! bonjour, madame l'hôtesse !
Du logis tirez les verrous.
— « Sur le seuil laissez la tristesse,
» Et venez, vous êtes chez vous. »

Rien ne vous manque, ni l'eau pure,
Ni la toile fraîche l'été,
Ni tous les soins qu'on se figure
En rêvant d'hospitalité.
Oh ! la Providence fidèle
Protégera votre foyer !
On dit que le nid d'hirondelle
Bénit le toit hospitalier.

Adieu donc, madame l'hôtesse !
Du logis poussez les verrous.
Sur le seuil je vois la tristesse,
Quand il faut quitter de chez vous.

L'HOSPITALITÉ.

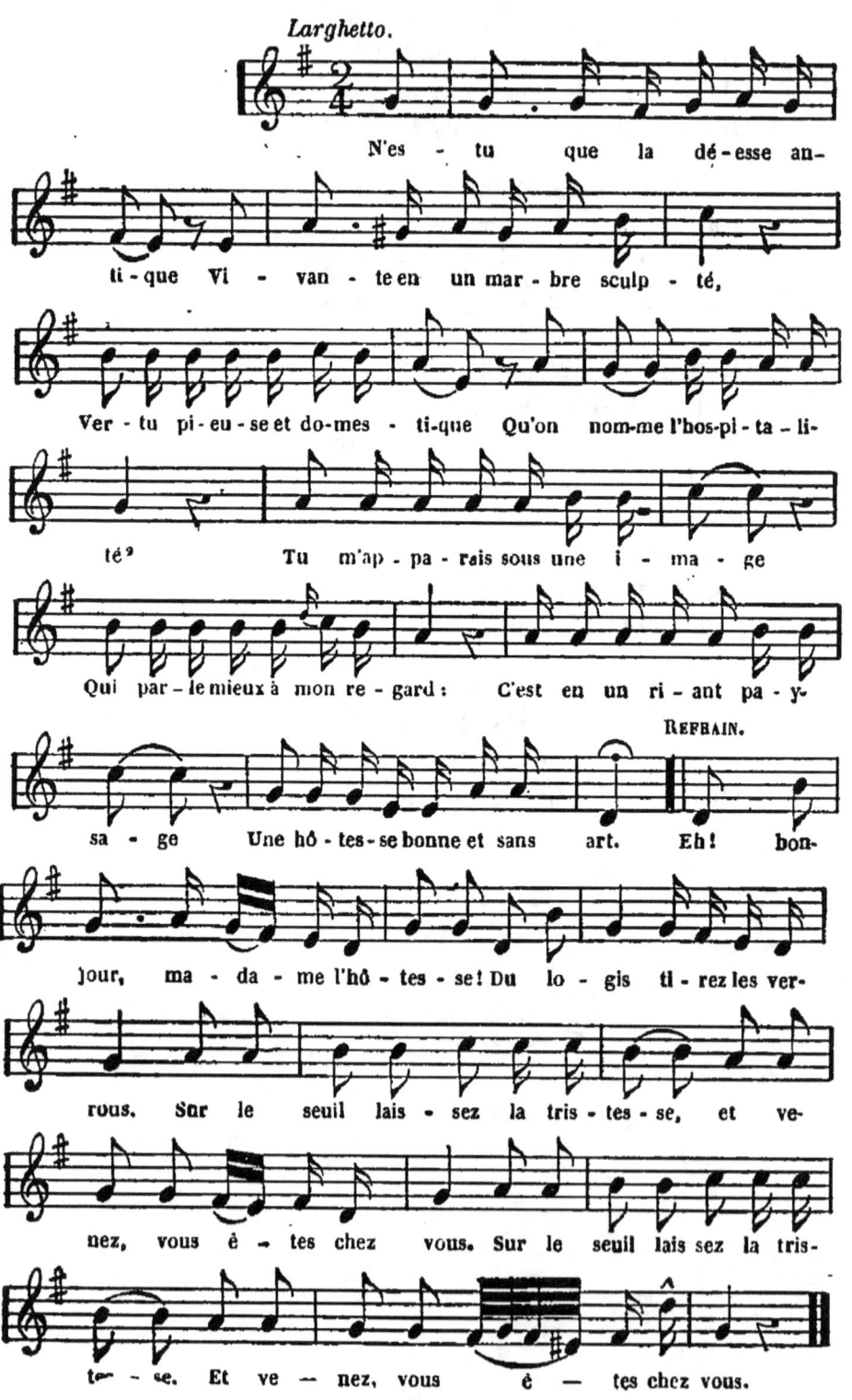

LE CHANT DU VOTE.

1849.

De Février gardons mémoire,
Ne laissons pas perdre les fruits
Conquis au jour de la victoire
Par les pavés et les fusils.
Mêlant sa blouse à l'uniforme,
Le peuple au bourgeois confondu
Acclamait : « Vive la Réforme ! »
La République a répondu :

O République tutélaire,
Ne remonte jamais au ciel,
Idéal incarné sur terre
Par le suffrage universel !

La République militante,
Lasse de voir le sang couler,
De sa robe a fait une tente
Où tous peuvent se rassembler.
Plus de paria, plus d'ilote,
Chacun a son droit de cité,
Et sur son bulletin de vote
Peut écrire sa volonté.

O République tutélaire
Ne remonte jamais au ciel,
Idéal incarné sur terre
Par le suffrage universel !

Du jour qu'avec indépendance
Chacun peut exprimer son vœu,
En face de sa conscience,
Le scrutin est la voix de Dieu.
Plus de tyran qui vous domine
Au nom d'un caprice mouvant ;
Tous ont parlé... chacun s'incline
Comme les cèdres sous le vent.

O République tutélaire,
Ne remonte jamais au ciel,
Idéal incarné sur terre
Par le suffrage universel !

Plus de sujet qui ploie et tremble
Sous le poids d'un sceptre ou d'un nom ;
Dans le forum quand on s'assemble,
Chacun dit oui, chacun dit non.
Ah ! qu'une surprise nocturne
N'attente jamais au scrutin !
Montons la garde autour de l'urne,
C'est l'arche de notre destin.

O République tutélaire,
Ne remonte jamais au ciel,
Idéal incarné sur terre
Par le suffrage universel !

Quand la vapeur est comprimée,
Elle couve une explosion,
La plainte du pauvre enfermée
Fait lever l'insurrection.
Faibles nains, vos pieuses ligues
Ne font qu'attiser le volcan :
Gardez-vous de toucher aux digues
Qui tiennent encor l'Océan !

O République tutélaire,
Ne remonte jamais au ciel,
Idéal incarné sur terre
Par le suffrage universel !

S'il est vrai qu'une tourbe infâme,
Disposant du fer et du feu,
Veuille enchaîner le corps et l'âme
Du peuple, ce vrai fils de Dieu ;
Fais voir, en déjouant la ruse,
O République ! à ces pervers,
Ta grande face de Méduse
Au milieu de rouges éclairs !

O République tutélaire,
Ne remonte jamais au ciel,
Idéal incarné sur terre
Par le suffrage universel !

LE CHANT DU VOTE.

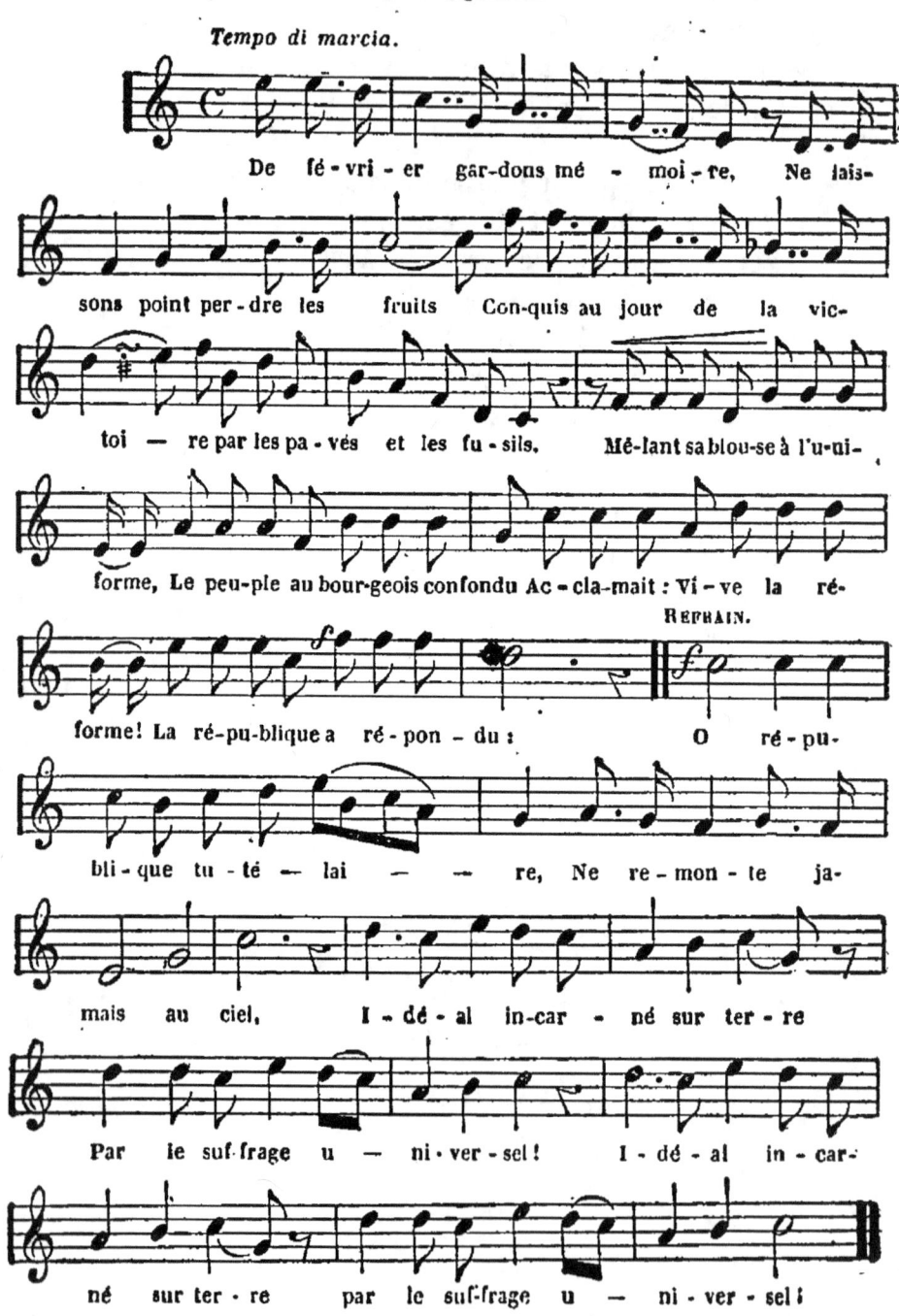

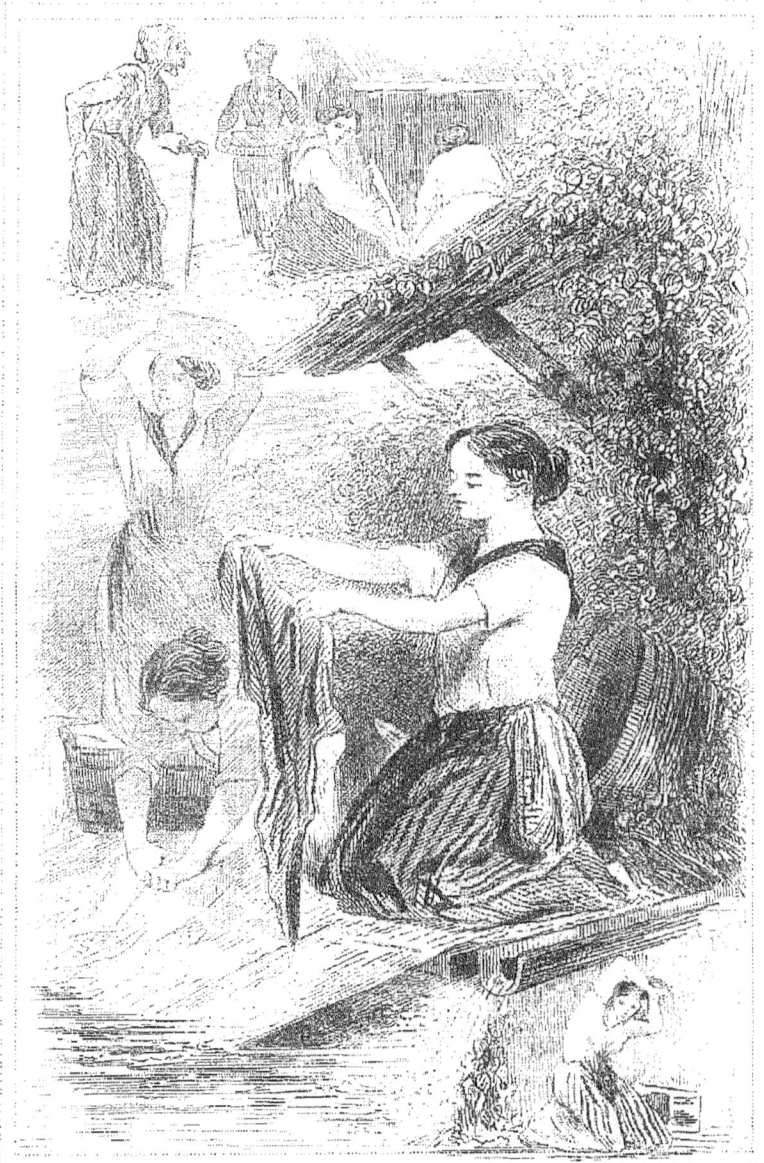

LE LAVOIR.

Tous les jours, moins le dimanche,
On entend le gai battoir
Battre la lessive blanche
Dans l'eau verte du lavoir.

Une rigole en vieux chêne
Au lavoir amène l'eau
De la colline prochaine
Où se tient caché l'écho,
L'écho qui jase et babille
Et redit tous nos lazzis;
Car nous lavons en famille
Tout le linge du pays.

Tous les jours, moins le dimanche,
On entend le gai battoir
Battre la lessive blanche
Dans l'eau verte du lavoir.

La margelle est une pierre
Aussi lisse qu'un miroir;

Un vieux toit fourni de lierre
Tient à l'abri le lavoir ;
De l'iris les feuilles vives
Y dardent leurs dards pointus ;
Pour embaumer nos lessives,
Sa racine a des vertus.

Tous les jours, moins le dimanche,
On entend le gai battoir
Battre la lessive blanche
Dans l'eau verte du lavoir.

La vieille branlant mâchoire,
Qui se souvient de cent ans,
Conte aux jeunes quelque histoire
Aussi vieille que le temps :
C'est Satan qui se démène
Dans le corps d'un vieux crapaud,
Ou bien c'est quelqu'âme en peine
Qui, la nuit, vient troubler l'eau.

Tous les jours, moins le dimanche,
On entend le gai battoir
Battre la lessive blanche
Dans l'eau verte du lavoir.

Tout en jasant, la sorcière
Tord son linge à tour de bras ;
Auprès fume une chaudière,
C'est comme aux anciens sabbats.

Mais dans un coin la fillette
Qui veut plaire à son galant,
Mire dans l'eau sa cornette,
Sa ceinture et son bras blanc.

Tous les jours, moins le dimanche,
On entend le gai battoir
Battre la lessive blanche
Dans l'eau verte du lavoir.

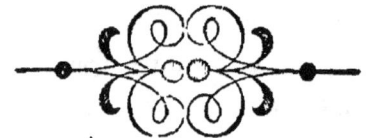

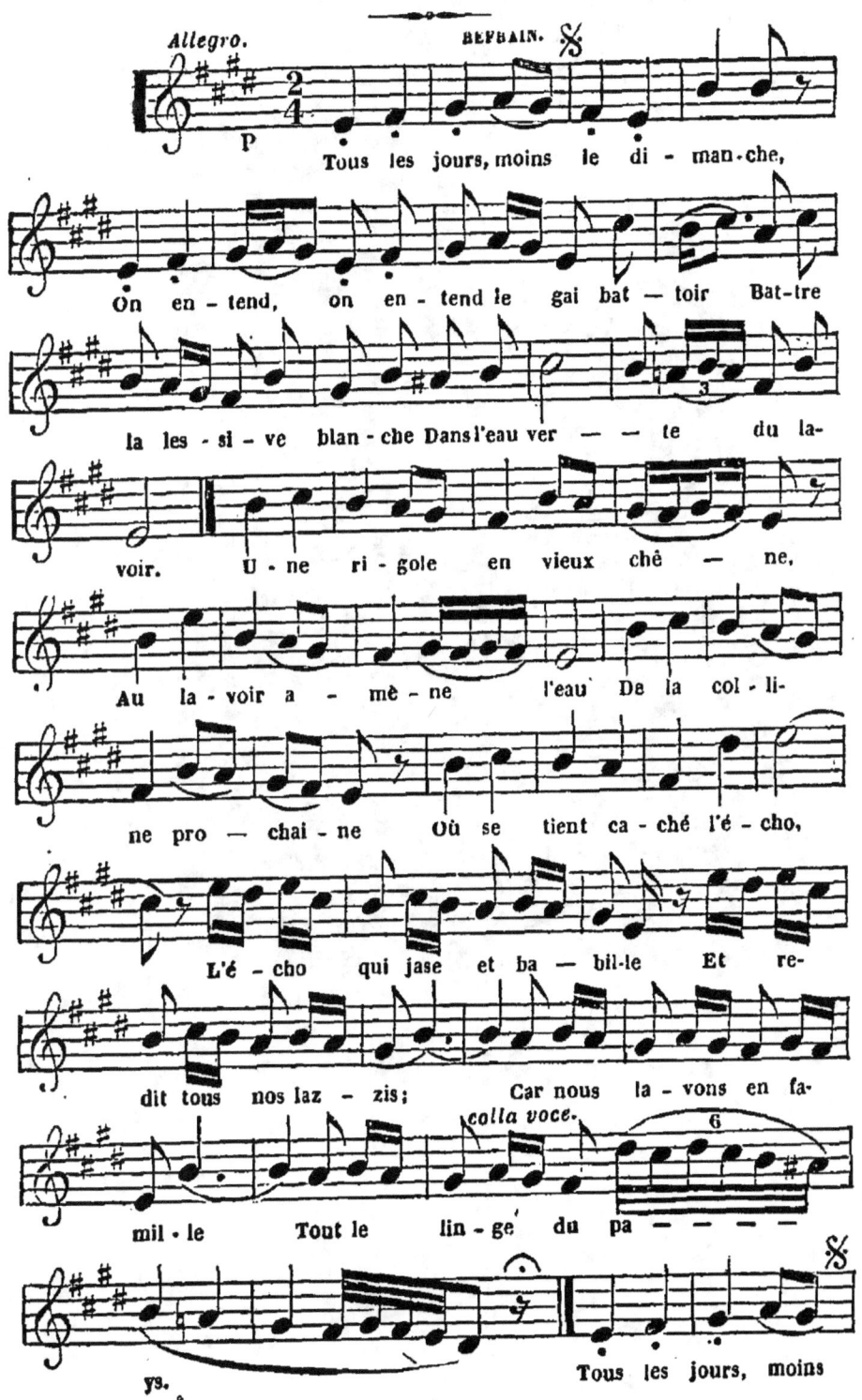

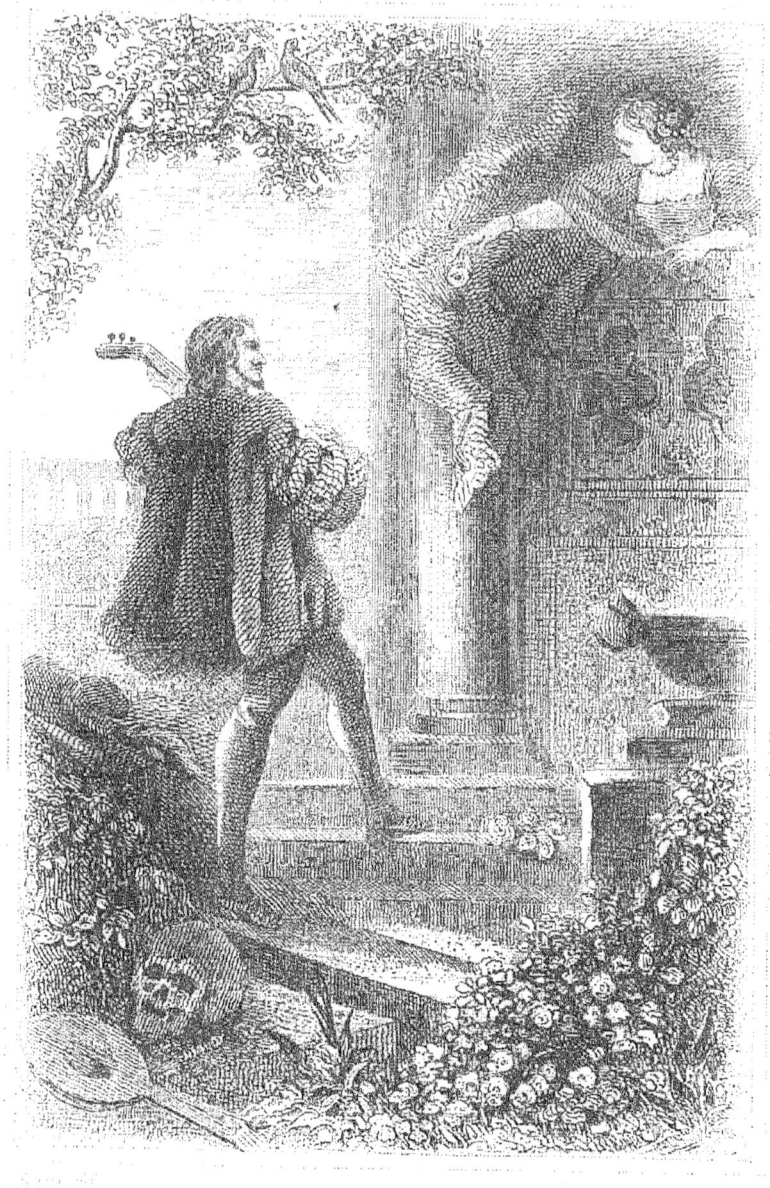

LA SÉRÉNADE.

Les roses pour moi sont pareilles,
Pareilles pour moi sont les fleurs
Que Mai répand de ses corbeilles
Sur les vallons, sur les hauteurs;
Mais dans la guirlande embaumée
Des jeunes filles de vingt ans,
Dont chacune est tout un printemps,
Je ne vois qu'une bien-aimée?

Les étoiles et les planètes
Qui, dansant en rond dans les cieux,
Font rêver bergers et poëtes
Sont toutes des sœurs à mes yeux;
Mais sur la terre parsemée
D'astres et de rayons épars
Je ne vois rien que les regards
De tes yeux, ô ma bien-aimée!

Qu'un rossignol s'épuise et meure!
Au faîte du même tilleul,
Un autre chantant dans une heure
T'apprendra qu'il n'était pas seul.
Aucune musique animée
Ne peut tromper mes longs ennuis,
Si ce n'est, entre mille bruits,
La chanson de ma bien-aimée.

Que toutes les fleurs se flétrissent!
Que les oiseaux meurent d'amour!
Et que les étoiles périssent,
Périsse la clarté du jour,
Plutôt que ma fleur parfumée,
Ma chanson, mon étoile d'or!
Que l'univers périsse encor
Plutôt que toi, ma bien-aimée!

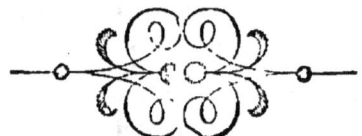

LA SERENADE.

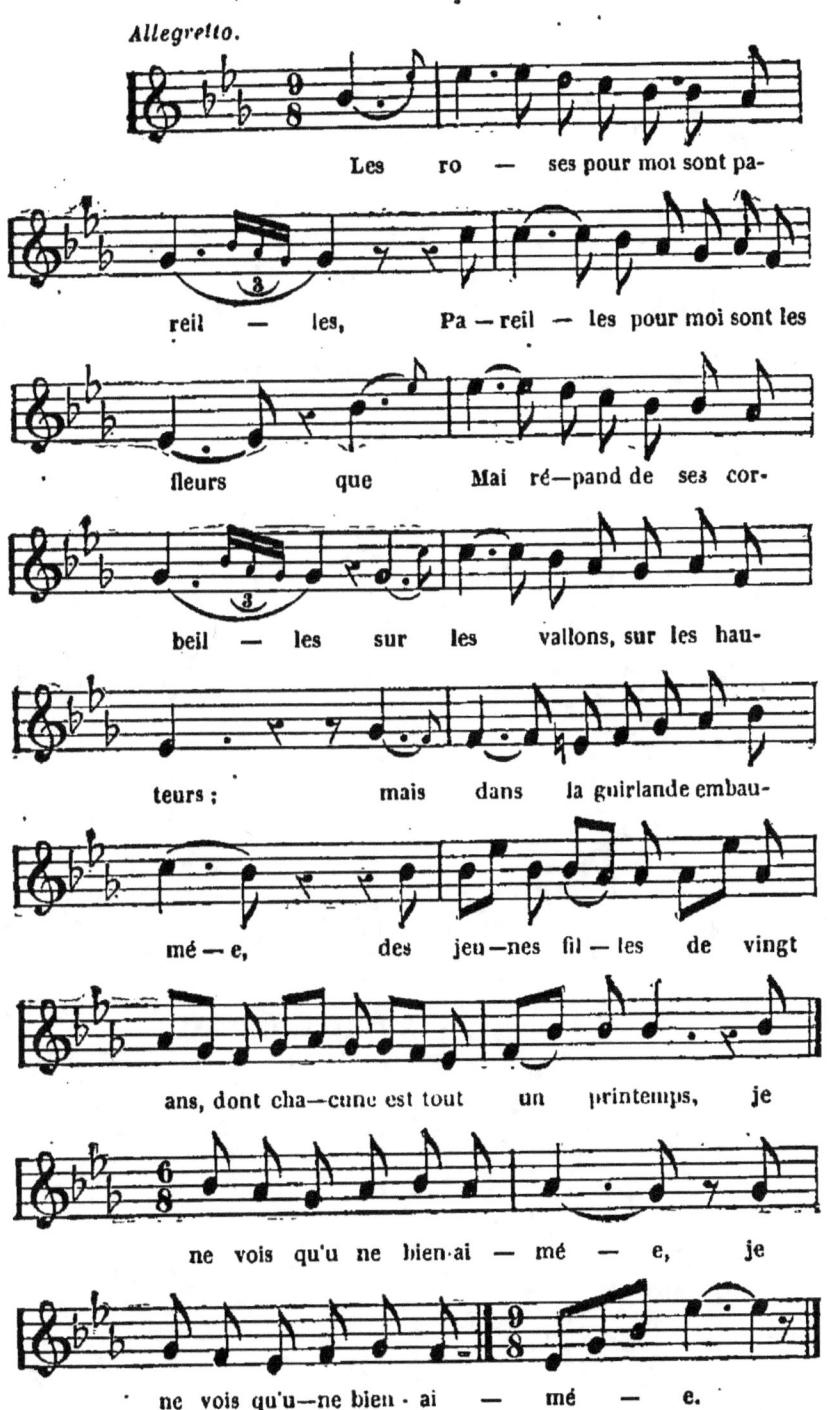

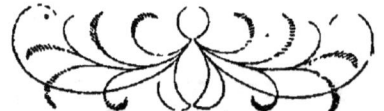

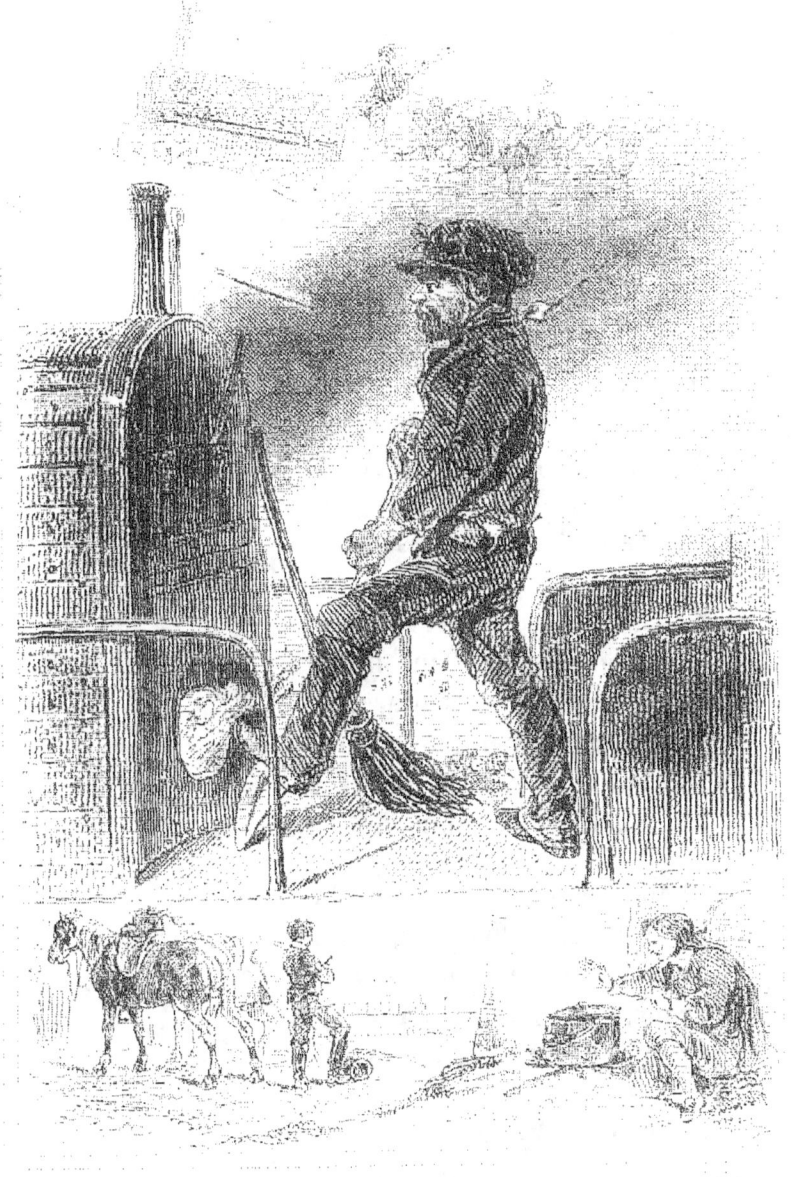

LE CHAUFFEUR DE LOCOMOTIVE.

Donne l'avoine à ton cheval !
Sellé, bridé, siffle ! et qu'on marche !
Au galop, sur le pont, sous l'arche,
Tranche montagne, plaine et val ;
Aucun cheval n'est ton rival.

La braise flambe en tes prunelles
Et tu reluis comme un miroir.
As-tu des pieds, as-tu des ailes,
Ma locomotive au flanc noir ?
Voyez ondoyer sa crinière,
Entendez son hennissement ;
Son galop est un roulement
D'artillerie et de tonnerre.

Donne l'avoine à ton cheval !
Sellé, bridé, siffle ! et qu'on marche !
Au galop, sur le pont, sous l'arche,
Tranche montagne, plaine et val ;
Aucun cheval n'est ton rival.

Jadis on chargeait d'une troupe
Le dos large des éléphants ;
Je traîne tout un monde en croupe
D'hommes, de femmes et d'enfants.
D'après une vieille croyance,
Il me semble être Lucifer
Qui menait les gens en enfer
En levant l'archet de la danse.

Donne l'avoine à ton cheval!
Sellé, bridé, siffle! et qu'on marche!
Au galop, sur le pont, sous l'arche,
Tranche montagne, plaine et val;
Aucun cheval n'est ton rival.

Je tiens mon grappin de chauffage,
Comme sa barre un vieux forban,
En regardant le paysage
Se dérouler comme un ruban.
Ah! c'est une bien grande ivresse
De fendre l'air, comme un oiseau.
Avec du charbon et de l'eau
Mes bras noirs font cette vitesse.

Donne l'avoine à ton cheval!
Sellé, bridé, siffle! et qu'on marche!
Au galop, sur le pont, sous l'arche,
Tranche montagne, plaine et val;
Aucun cheval n'est ton rival.

De la chose la plus commune
On peut tirer un grand parti;
Longtemps ce moyen de fortune
Au fond de l'âtre s'est blotti.
Chacun voyait dans sa marmite
La vapeur bouillonner et fuir,
Sans songer à son avenir;
Dieu! que notre vue est petite!

Donne l'avoine à ton cheval!
Sellé, bridé, siffle! et qu'on marche!
Au galop, sur le pont, sous l'arche,
Tranche montagne, plaine et val;
Aucun cheval n'est ton rival.

Les rouliers et les aubergistes
En voyant ces nouveaux chemins
Font des mines longues et tristes,
Nous leur ôtons le pain des mains.
Avec la vapeur, patience!
Le terre se défrichera,
Fructifira, s'enrichira,
Partout circulera l'aisance.

Donne l'avoine à ton cheval!
Sellé, bridé, siffle! et qu'on marche!
Au galop, sur le pont, sous l'arche,
Tranche montagne, plaine et val;
Aucun cheval n'est ton rival.

Allons, ô ma locomotive!
Tes rails nous mènent au progrès,
La génération hâtive
Appelle des ombrages frais.
Plus de frontières, plus de guerre!
Nous sommes las du sang versé.
Peuples! de tout le mal passé
Buvons l'oubli dans un grand verre.

Donne l'avoine à ton cheval!
Sellé, bridé, siffle! et qu'on marche!
Au galop, sur le pont, sous l'arche,
Tranche montagne, plaine et val;
Aucun cheval n'est ton rival.

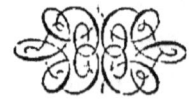

LE CHAUFFEUR DE LOCOMOTIVE.

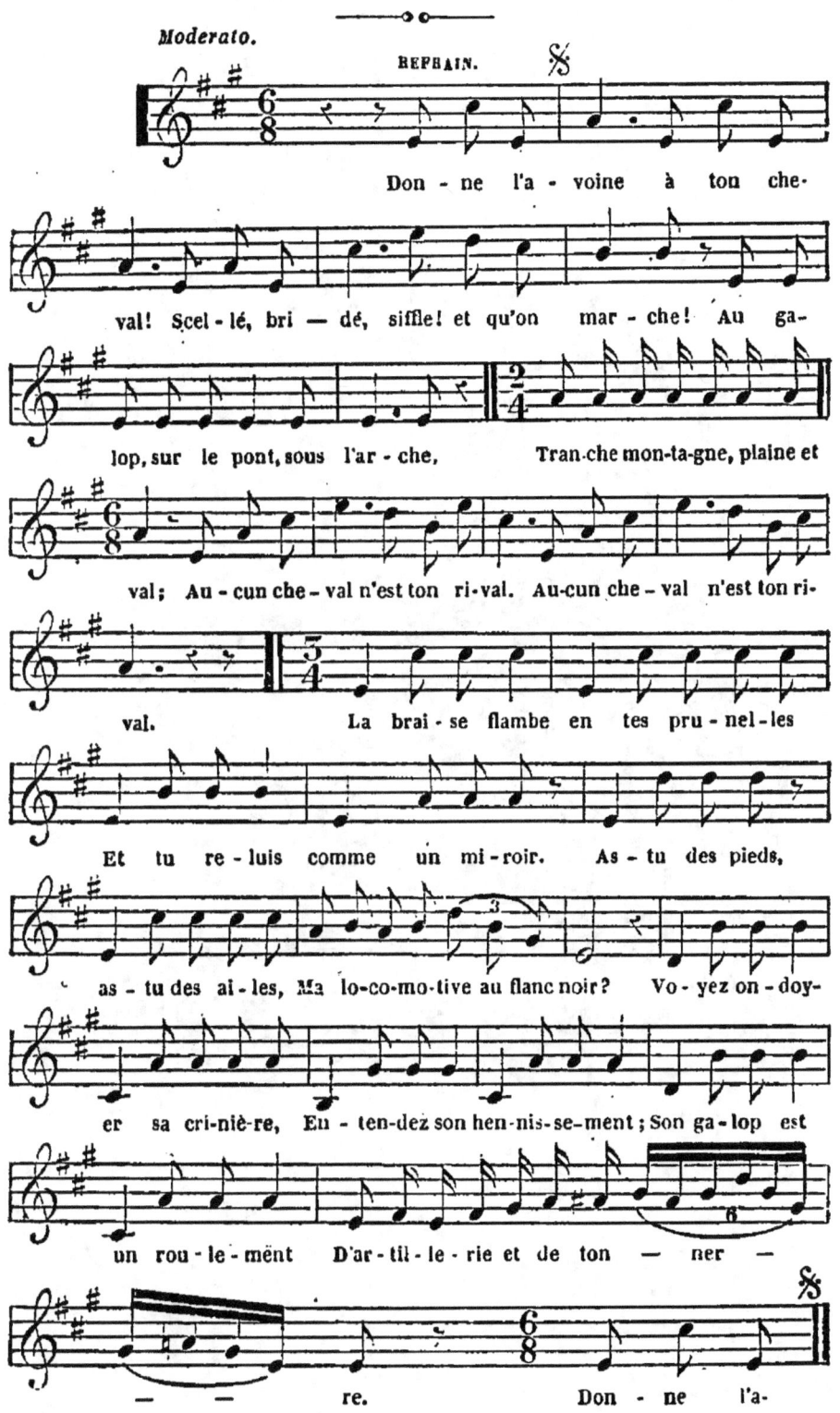

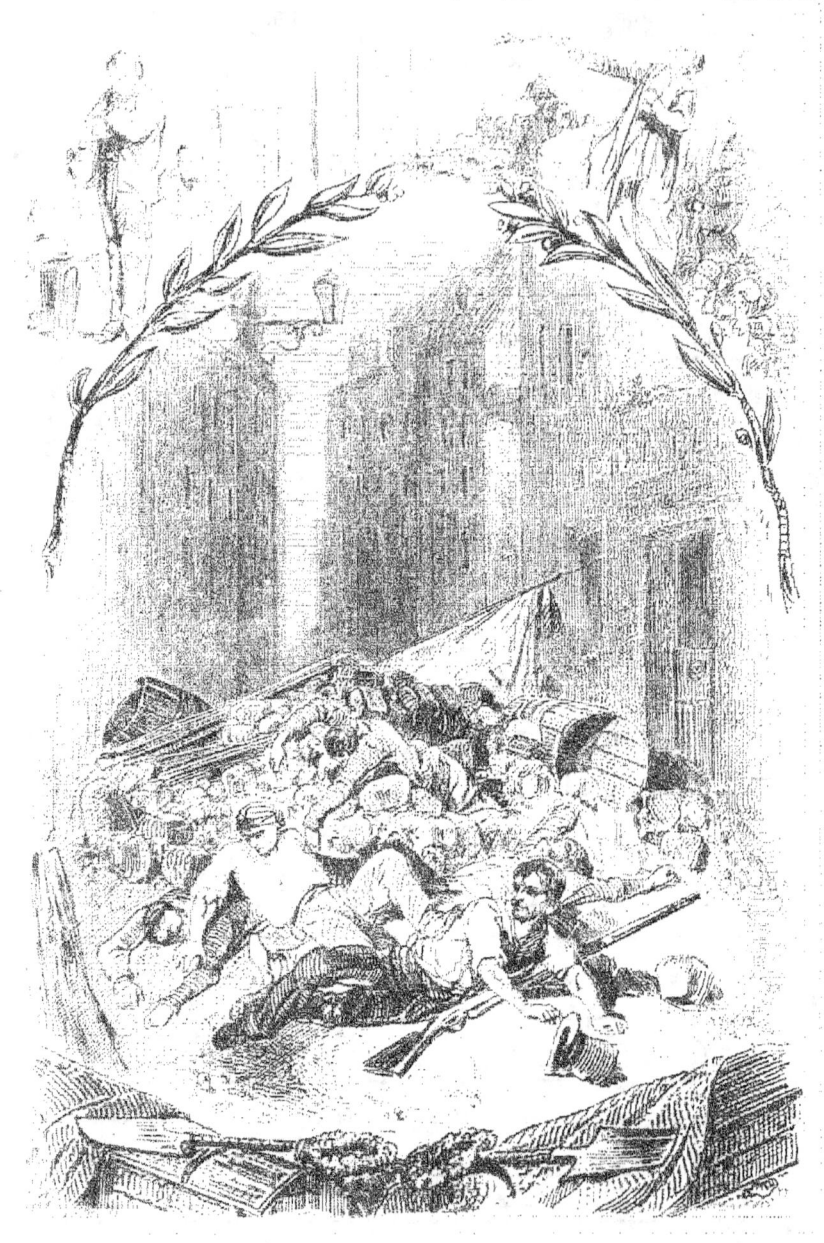

LES JOURNÉES DE JUIN.

CHANT FUNÈBRE.

Juillet 1848.

La France est pâle comme un lis,
Le front ceint de grises verveines;
Dans le massacre de ses fils,
Son sang a coulé de ses veines
Ses genoux se sont affaissés
Dans une longue défaillance,
O Niobé des temps passés,
Viens voir la douleur de la France !

Offrons à Dieu le sang des morts
De cette terrible hécatombe,
Et que la haine et les discords
    Soient scellés dans leur tombe !

Quatre jours pleins et quatre nuits,
L'ange des rouges funérailles,
Ouvrant ses ailes sur Paris,
A soufflé le vent des batailles.
Les fusils, le canon brutal
Vomissaient à flots sur la ville
Une fournaise de métal
Qu'attisait la guerre civile.

Offrons à Dieu le sang des morts
De cette terrible hécatombe,

Et que la haine et les discords
　　Soient scellés dans leur tombe !

Combien de morts et de mourants,
Insurgés, soldats, capitaines !
Que d'hommes forts dans tous les rangs !
Peut-il rester encor des haines ?
Le pasteur tendant l'olivier
D'une balle est atteint lui-même :
« Oh ! que mon sang soit le dernier ! »
Dit-il à son heure suprême.

Offrons à Dieu le sang des morts
De cette terrible hécatombe,
Et que la haine et les discords
　　Soient scellés dans leur tombe !

La faim aux quartiers populeux
Est une horrible conseillère ;
Le lion, que brûlent ses feux,
Rugit et quitte sa tanière.
Un peu d'or dans l'ombre semé,
Un lambeau de pourpre qui brille,
Font sortir tout un peuple armé
Quand le pain manque à la famille.

Offrons à Dieu le sang des morts
De cette terrible hécatombe,
Et que la haine et les discords
　　Soient scellés dans leur tombe !

Ce n'est pas sans avoir saigné
Que notre capitale est sauve ;
Grâce au canon l'ordre a régné,
On a traqué la bête fauve.

La mort a souillé l'eau des puits,
Des ruisseaux et de la rivière.
On n'a fait que peupler depuis
Les cachots et le cimetière.

Offrons à Dieu le sang des morts
De cette terrible hécatombe,
Et que la haine et les discords
    Soient scellés dans leur tombe !

Il ne reste, après ce grand deuil,
D'autre profit de la bataille
Que des frères dans le cercueil
Et des prisonniers sur la paille.
O République au front d'airain !
Ta justice doit être lasse :
Au nom du peuple souverain,
Pour la première fois, fais grâce !

Offrons à Dieu le sang des morts
De cette terrible hécatombe,
Et que la haine et les discords
    Soient scellés dans leur tombe !

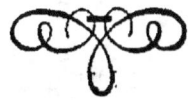

LES JOURNÉES DE JUIN.

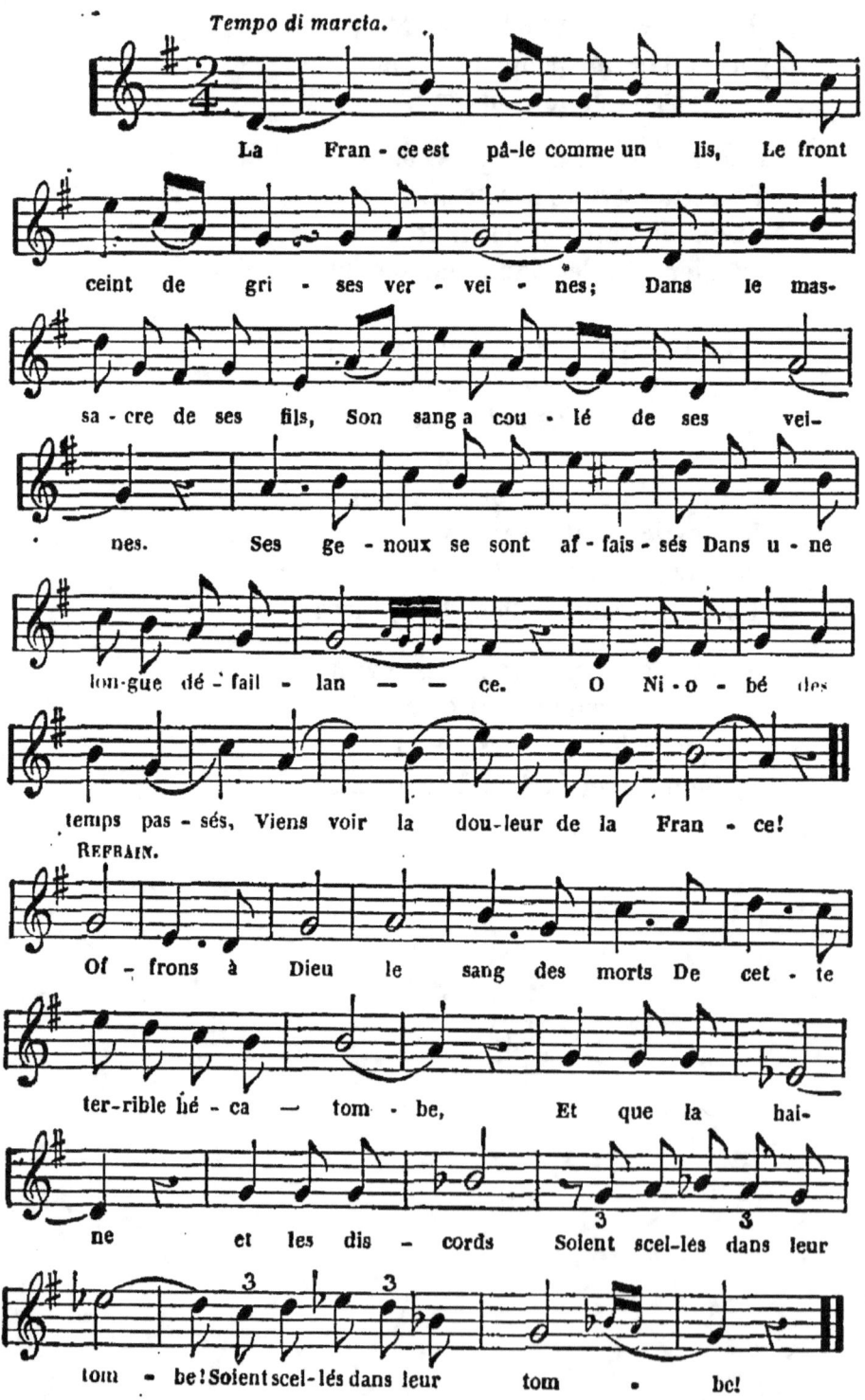

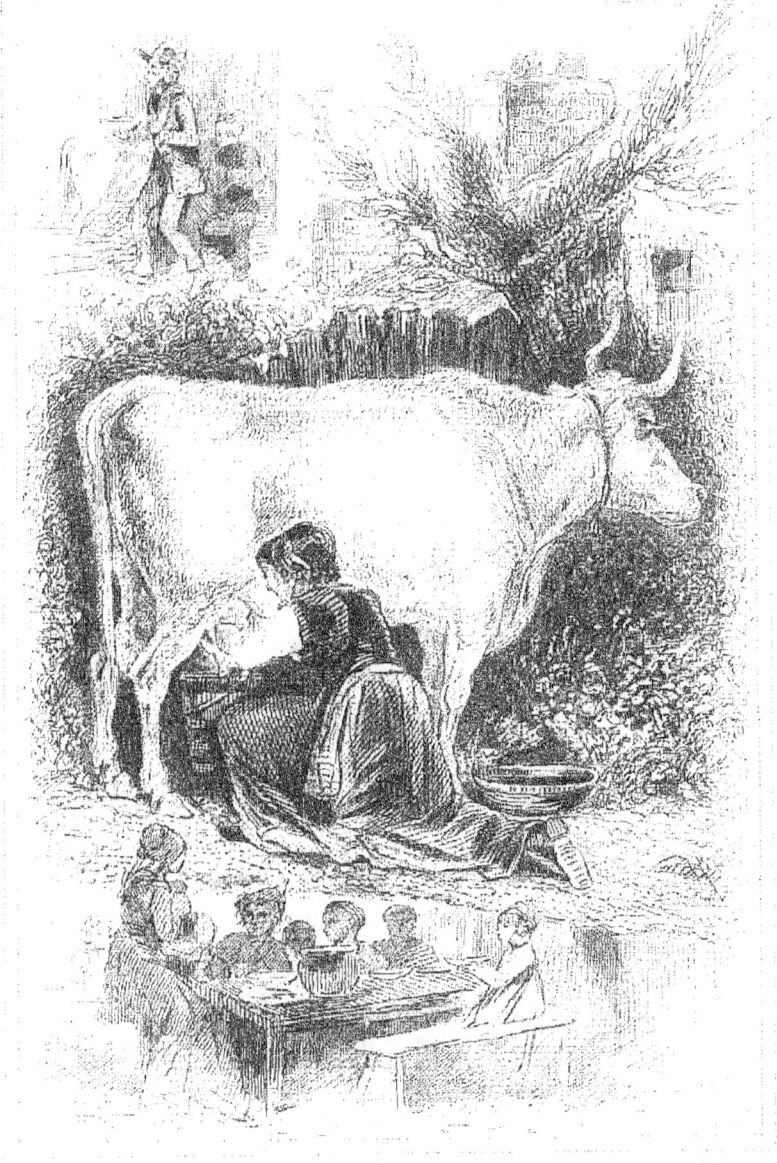

LA VACHE BLANCHE.

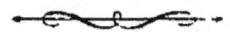

Connaissez-vous ma vache blanche ?
Elle est plus blanche que son lait :
Elle broute les bouts de branche,
L'herbe fine et le serpolet.
Tous les printemps elle est génisse,
Tous les hivers a deux jumeaux,
Toute l'année elle est nourrice
De la ville et de nos hameaux.

Sa mamelle est une rivière,
Une rivière de bon lait :
Elle connaît ma main légère ;
Une autre ne peut pas la traire :
Gare au pied fourchu, s'il vous plaît !

Elle a jambe de demoiselle,
Large flanc, regard caressant
Comme la lune encor nouvelle,
Ses cornes forment un croissant.
A son fanon pend une cloche
Qu'on entend d'une lieue au loin,
Dès qu'elle flaire mon approche,
Elle bondit comme un poulain.

Sa mamelle est une rivière,
Une rivière de bon lait :

Elle connaît ma main légère ;
Une autre ne peut pas la traire :
Gare au pied fourchu, s'il vous plaît !

Le lait de Blanche est une essence
Des fleurs sauvages du pays ;
Il renferme plus de science
Que tous les livres de Paris :
Plus d'un visage lamentable,
Qui se flétrissait de langueur,
A retrouvé dans son étable
Le teint rougeaud et la vigueur.

Sa mamelle est une rivière,
Une rivière de bon lait :
Elle connaît ma main légère ;
Une autre ne peut pas la traire :
Gare au pied fourchu, s'il vous plaît !

Depuis tantôt dix-huit cent trente,
Mon flanc ne s'est pas reposé,
Et tous les ans, comme une rente,
Il me vient un poupon rosé :
Quel beau garçon ! quel brin de fille !
Quelles femmes ! quels bons maris !
Leur sang comme un vin clair petille :
C'est Blanche qui les a nourris.

Sa mamelle est une rivière,
Une rivière de bon lait :
Elle connaît ma main légère ;
Une autre ne peut pas la traire :
Gare au pied fourchu, s'il vous plaît !

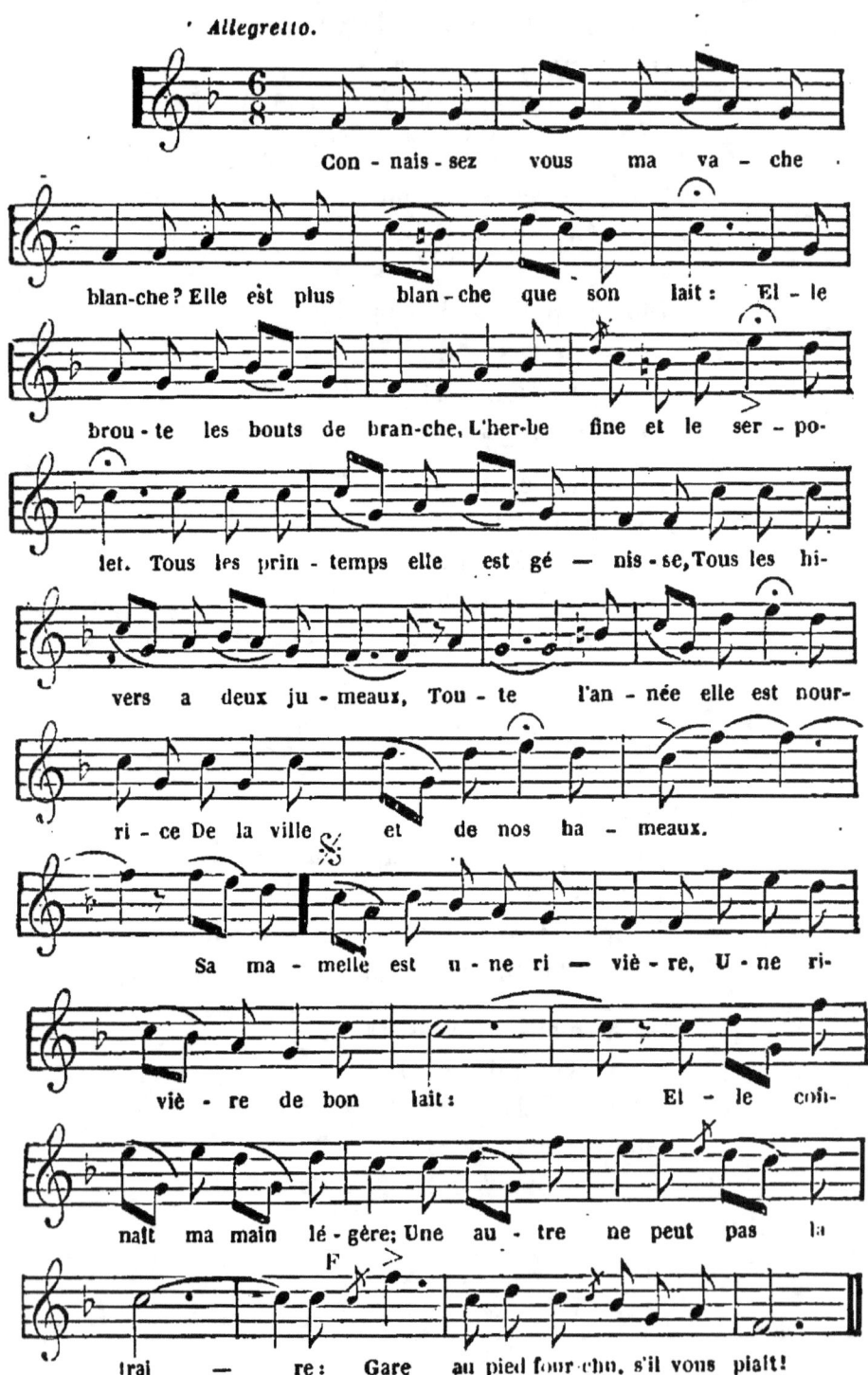

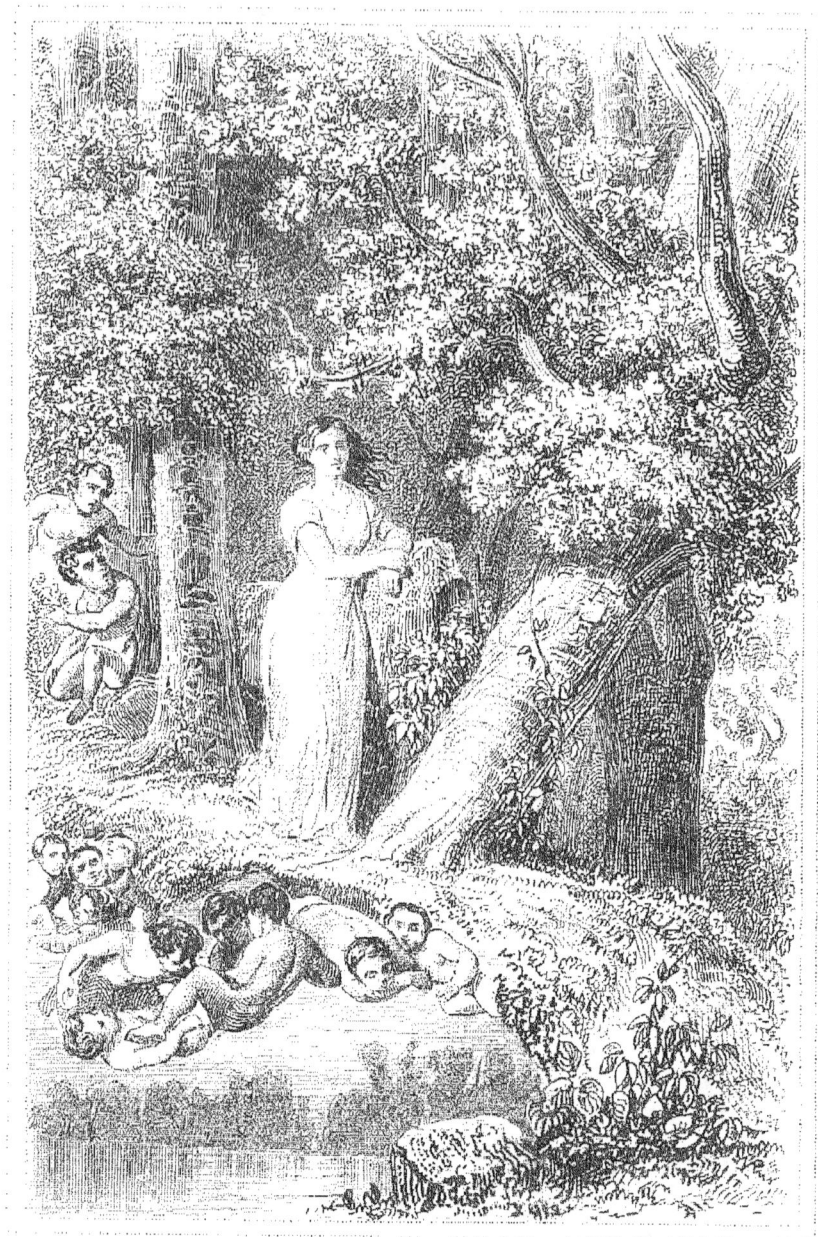

LES PLATANES.

A l'heure où l'étoile du soir
Jette ses lueurs diaphanes,
O ma divine ! quel espoir
Vous attire sous les platanes ?
Mon cœur suit vos pas cadencés
Oh ! qu'allez-vous faire à la brune,
Sans moi, dans l'ombre où vous glissez,
Blanche comme un rayon de lune ?

Des lutins malins et cruels
Ne craignez-vous pas les surprises,
Ni la rosée aux pleurs mortels,
Ni la froide haleine des brises ?

J'ai l'oreille et les yeux craintifs ;
Mon sang dans mes veines se glace
Lorsque dans l'ombre des massifs
Votre forme blanche s'efface.
Une lueur, le moindre bruit,
Un rien fait que mon cœur se trouble ;
Je crois voir des yeux dans la nuit,
Je crois que votre pas se double.

Des lutins malins et cruels
Ne craignez-vous pas les surprises,
Ni la rosée aux pleurs mortels,
Ni la froide haleine des brises ?

Vous revenez, et vos cheveux,
Humides comme les corolles
Des lis arrosés par les cieux,
Semblent emplis de lucioles.
Sur votre cou, sur vos bras blancs
Qui sont restés à l'air sans voiles,
Je veux de mes baisers tremblants
Sécher les larmes des étoiles.

Des lutins malins et cruels
Ne craignez-vous pas les surprises,
Ni la rosée aux pleurs mortels,
Ni la froide haleine des brises ?

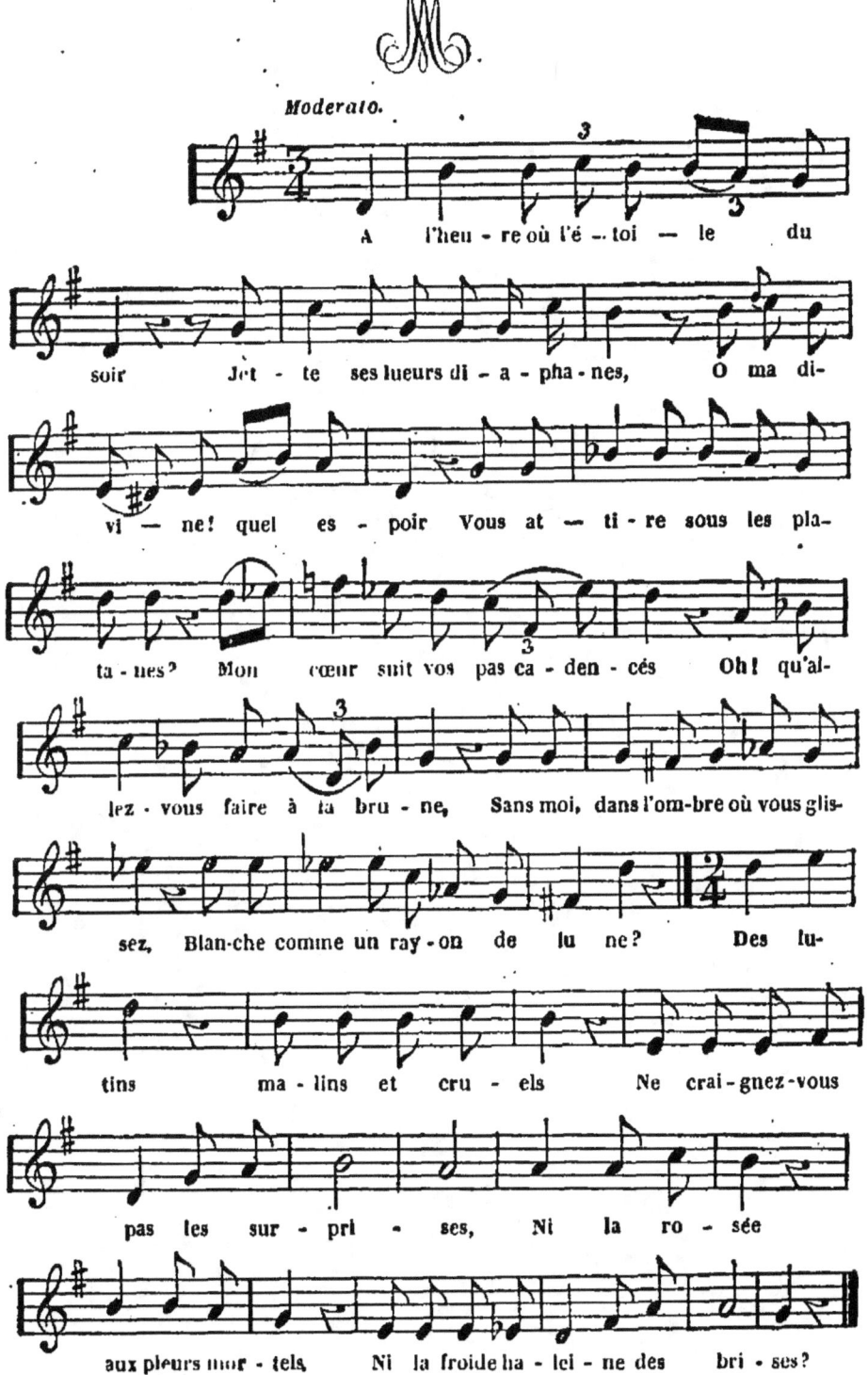

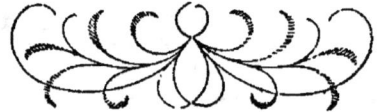

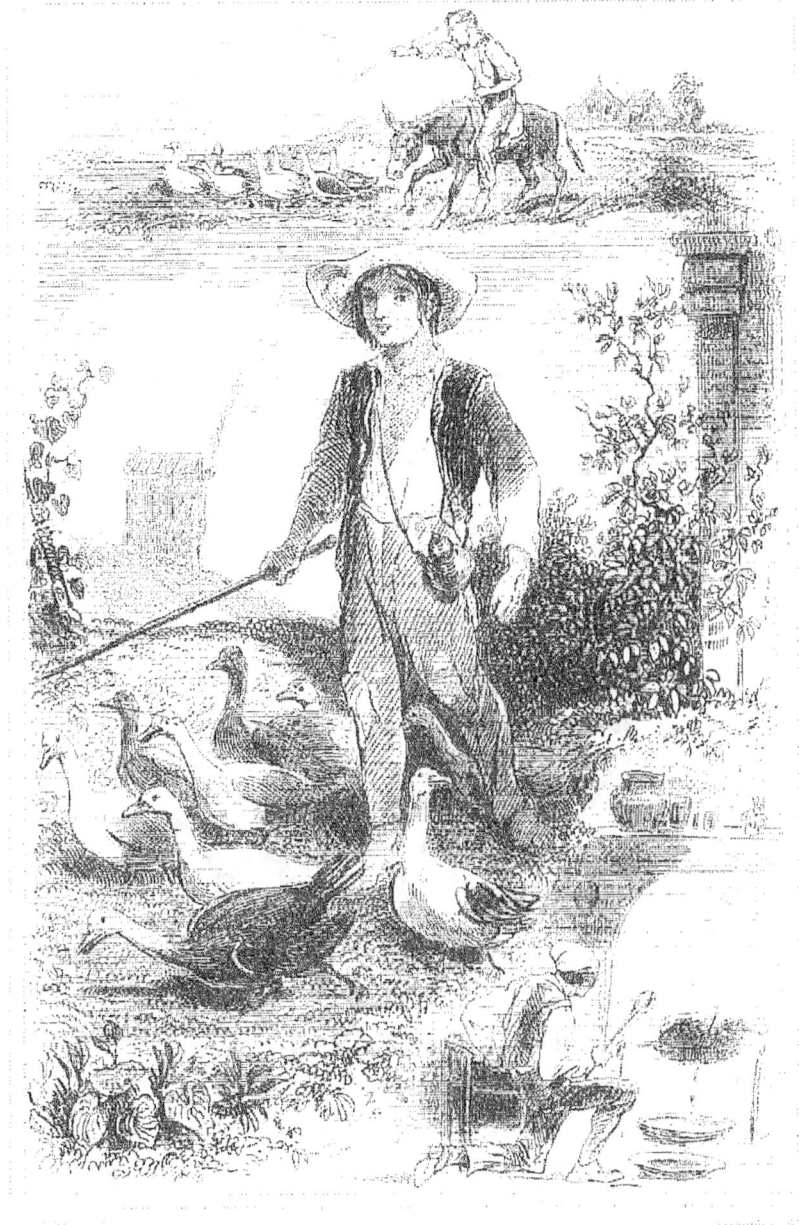

LE GARDEUR D'OIES.

Qu'on a de peine et peu de joies
Dans le métier de gardeur d'oies !
On se mouille, on patauge, on flâne,
On risque d'amasser du mal ;
Encore si j'avais un âne ;
Je les garderais à cheval.

Après sept ou huit ans d'école
A vingt et trente sous par mois,
J'étais maladroit de parole
Et mal avisé de mes doigts.
Le pain, pas plus que la science,
A mon corps n'avait profité ;
Déjà grand, j'étais en enfance,
J'avais l'esprit bien peu fûté.

Qu'on a de peine et peu de joies
Dans le métier de gardeur d'oies !
On se mouille, on patauge, on flâne,
On risque d'amasser du mal ;
Encore si j'avais un âne,
Je les garderais à cheval.

A dix-huit ans sur l'eau qui coule,
J'affûtais un petit moulin ;
Quand les grands jouaient à la boule,
Je m'en allais quérir au loin

Nids, hannetons, fraises, noisettes,
Je taillais comme je voulais
Dans les avoines des musettes
Et dans les saules des sifflets.

Qu'on a de peine et peu de joies
Dans le métier de gardeur d'oies!
On se mouille, on patauge, on flâne,
On risque d'amasser du mal;
Encore si j'avais un âne,
Je les garderais à cheval.

Mes parents, réflexions faites,
Ont mis du beurre sur mon pain,
Et, pour que je garde mes bêtes,
Une grande gaule à la main.
Depuis, je marche devant elles;
Elles vont boitant, frétillant,
Tordant la queue, ouvrant les ailes,
Le bec au vent, s'égosillant.

Qu'on a de peine et peu de joies
Dans le métier de gardeur d'oies!
On se mouille, on patauge, on flâne,
On risque d'amasser du mal;
Encore si j'avais un âne,
Je les garderais à cheval.

Dardant leurs petits yeux sauvages,
Ouvrant leurs becs à pleins gosiers
Elles menacent aux visages
Les mendiants, les écoliers.
On dit que leur voix fut utile
Une nuit, dans les temps anciens,

Et qu'elles ont sauvé leur ville
En s'éveillant avant les chiens.

Q'on a de peine et peu de joies
Dans le métier de gardeur d'oies!
On se mouille, on patauge, on flâne,
On risque d'amasser du mal;
Encore si j'avais un âne,
Je les garderais à cheval.

Avec leur duvet et leur plume
On fait de moelleux édredons;
Quand une oie à la broche fume,
On ne pense plus aux dindons.
J'en parle sans expérience,
Sur la paille je suis couché,
Et mon pain de cette pitance
Ne s'est pas souvent approché.

Qu'on a de peine et peu de joies
Dans le métier de gardeur d'oies!
On se mouille, on patauge, on flâne,
On risque d'amasser du mal;
Encore si j'avais un âne,
Je les garderais à cheval.

Leurs plumes servent pour écrire,
Oh! si je savais, j'écrirais
Tout ce que je n'ose pas dire,
J'ai tout plein de petits secrets.
J'ai mon seul troupeau pour famille;
Tant que je suis en ce métier,
Il n'est veuve ni jeune fille
Qui veuille à moi se marier.

Qu'on a de peine et peu de joies
Dans le métier de gardeur d'oies!
On se mouille, on patauge, on flâne,
On risque d'amasser du mal ;
Encore si j'avais un âne,
Je les garderais à cheval.

Avec mes bêtes je m'ennuie,
Je me consume lentement ;
Je veux mener une autre vie
Et quitter de ce régiment.
On dit qu'à la fête prochaine
A l'oie on va couper le cou :
Les yeux bandés, je veux sans peine
Aller frapper le premier coup.

Qu'on a de peine et peu de joies
Dans le métier de gardeur d'oies!
On se mouille, on patauge, on flâne,
On risque d'amasser du mal ;
Encore si j'avais un âne
Je les garderais à cheval.

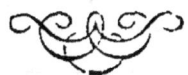

LE GARDEUR D'OIES.

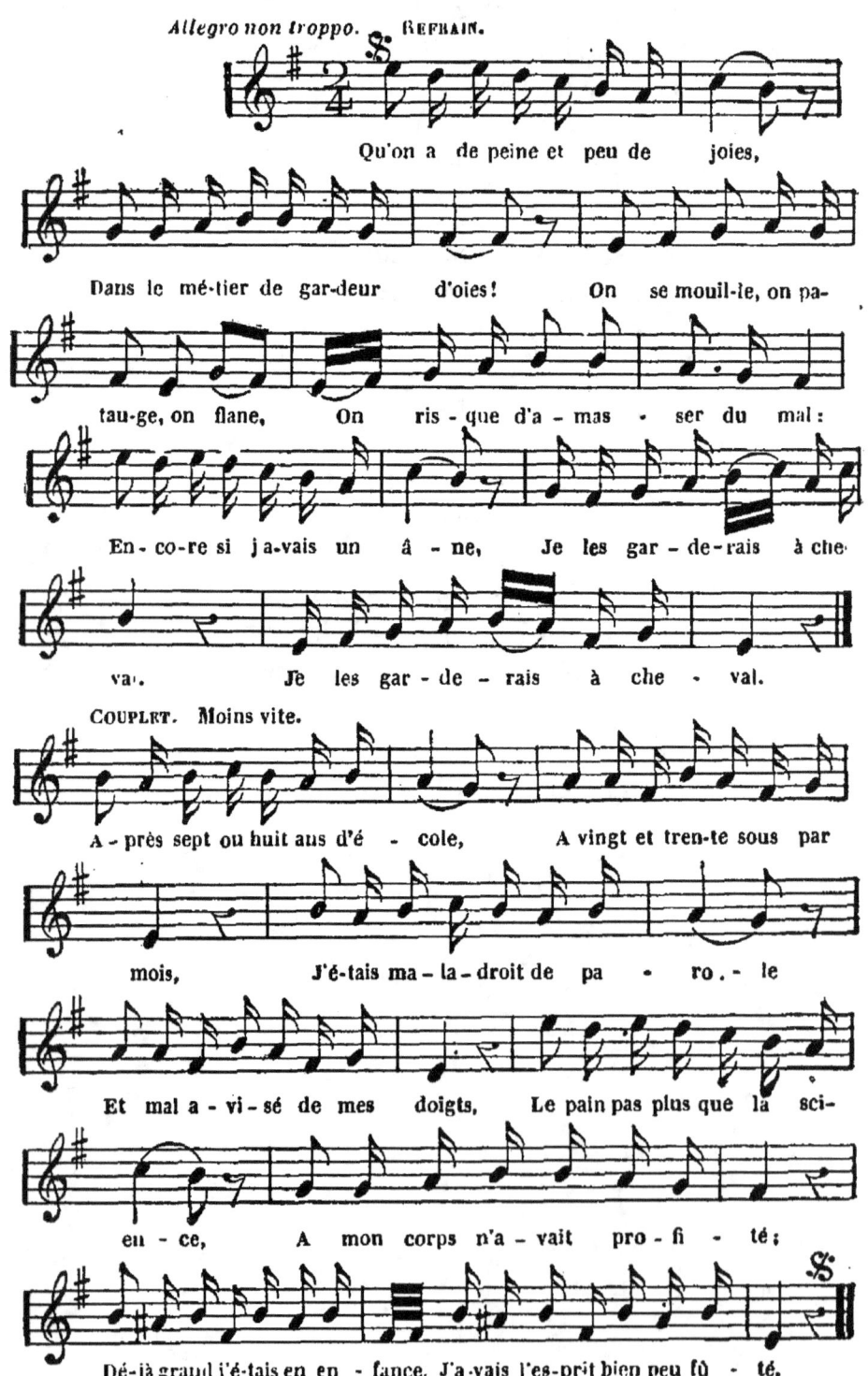

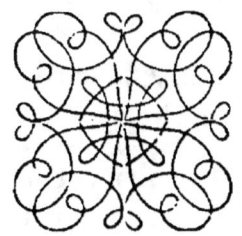

DIEU SAUVE LA RÉPUBLIQUE.

1849.

La république dure encor,
Malgré nos fautes et nos crimes ;
Comme un reflet de pourpre et d'or
Son nom rayonne sur nos cimes ;
L'espoir n'est point anéanti
Tant que la raison souveraine,
Dominant sur chaque parti,
Dans les cœurs étouffe la haine.

Drapeaux au vent, tambours battez aux champs,
    Et que chaque bouche civique
Ajoute en chœur, à la fin de nos chants,
    Le mot d'ordre patriotique :
    Dieu sauve la république !

Républicains, nous dominons
Par l'idée et par cette crainte,
Que les tyrans ont des canons
Tonnants dans une guerre sainte ;
Royalistes, que serions-nous ?
L'objet d'une immense risée :
Un roi nous mettrait aux genoux
De l'Europe coalisée.

Drapeaux au vent, tambours battez aux champs,
    Et que chaque bouche civique

Ajoute en chœur, à la fin de nos chants,
   Le mot d'ordre patriotique :
   Dieu sauve la république !

   Républicains, les nations
   Ont mis en nous leur confiance,
   Et, royalistes, nous serions
   Geôliers de la sainte alliance ;
   Quand un peuple est prédestiné
   Pour la défense d'une cause,
   S'il y manque, il est condamné
   Et l'humanité le dépose.

Drapeaux au vent, tambours battez aux champs,
   Et que chaque bouche civique
Ajoute en chœur, à la fin de nos chants,
   Le mot d'ordre patriotique :
   Dieu sauve la république !

   Par ses rades et par ses ports,
   Qui débouchent sur l'Atlantique,
   La France échange les trésors
   Et l'idée avec l'Amérique ;
   Paquebots et chemins de fer,
   Passez le vent, coupez la brise :
   La république tient la mer,
   La terre sera bientôt prise.

Drapeaux au vent, tambours battez aux champs,
   Et que chaque bouche civique
Ajoute en chœur, à la fin de nos chants,
   Le mot d'ordre patriotique :
   Dieu sauve la république !

   Que font aux éternelles lois
   De la nature et de l'espace

Les vieilles colères des rois !
C'est un dernier boulet qui passe ;
Las des sacrifices humains,
Pour ne plus échanger des balles,
Les peuples vont porter leurs mains
Sur les couronnes féodales.

Drapeaux au vent, tambours battez aux champs,
    Et que chaque bouche civique
Ajoute en chœur, à la fin de nos chants,
    Le mot d'ordre patriotique :
    Dieu sauve la république !

Les cosaques et les pandours
Ont, comme nous, d'humaines fibres,
Des Romanofs et des Hapsbourgs,
Un jour ou l'autre ils seront libres ;
La république régnera
Sur tous les peuples, et la terre
Dans la paix se reposera
De cinq ou six mille ans de guerre.

Drapeaux au vent tambours battez aux champs,
    Et que chaque bouche civique
Ajoute en chœur, à la fin de nos chants,
    Le mot d'ordre patriotique :
    Dieu sauve la république !

DIEU SAUVE LA RÉPUBLIQUE.

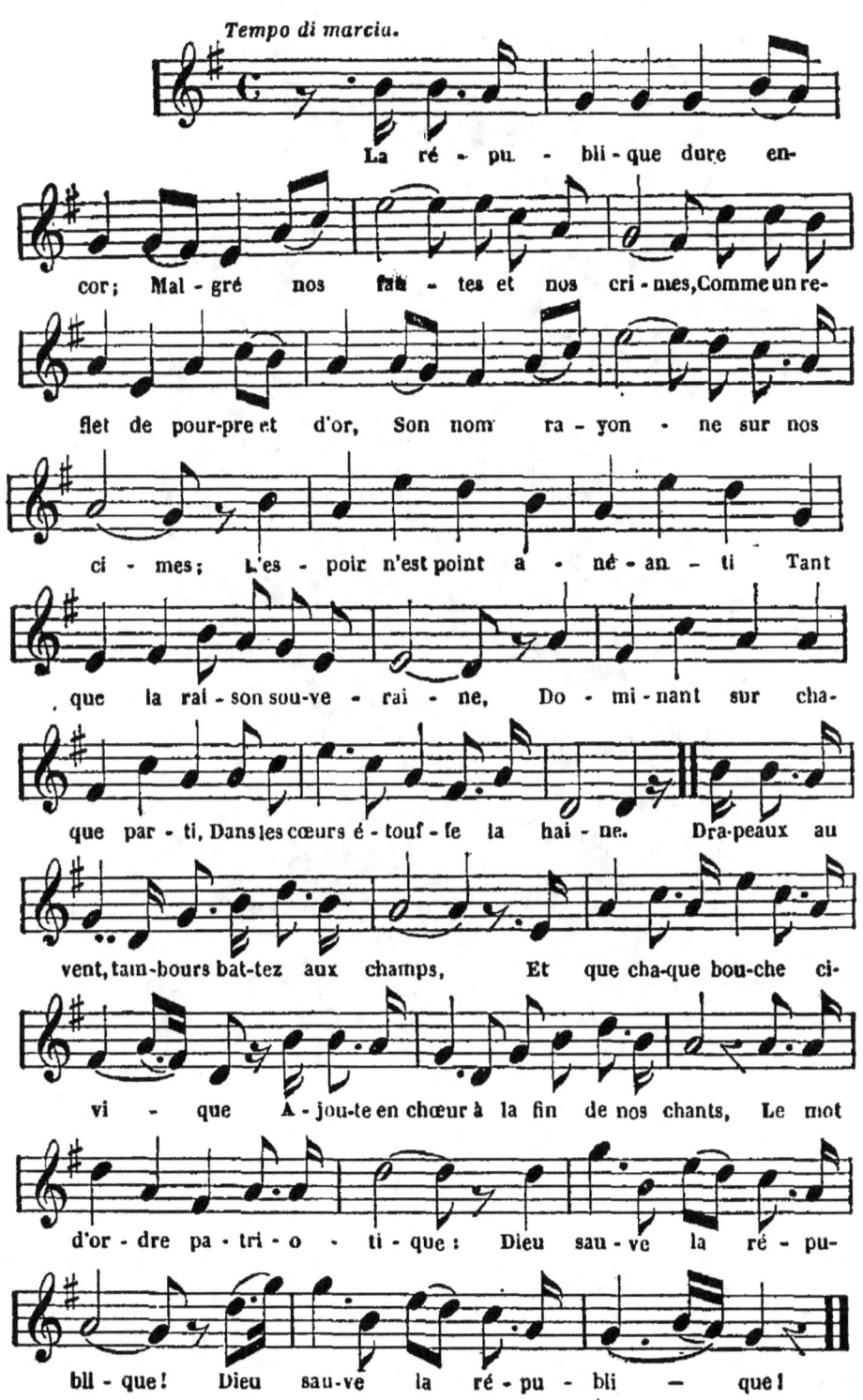

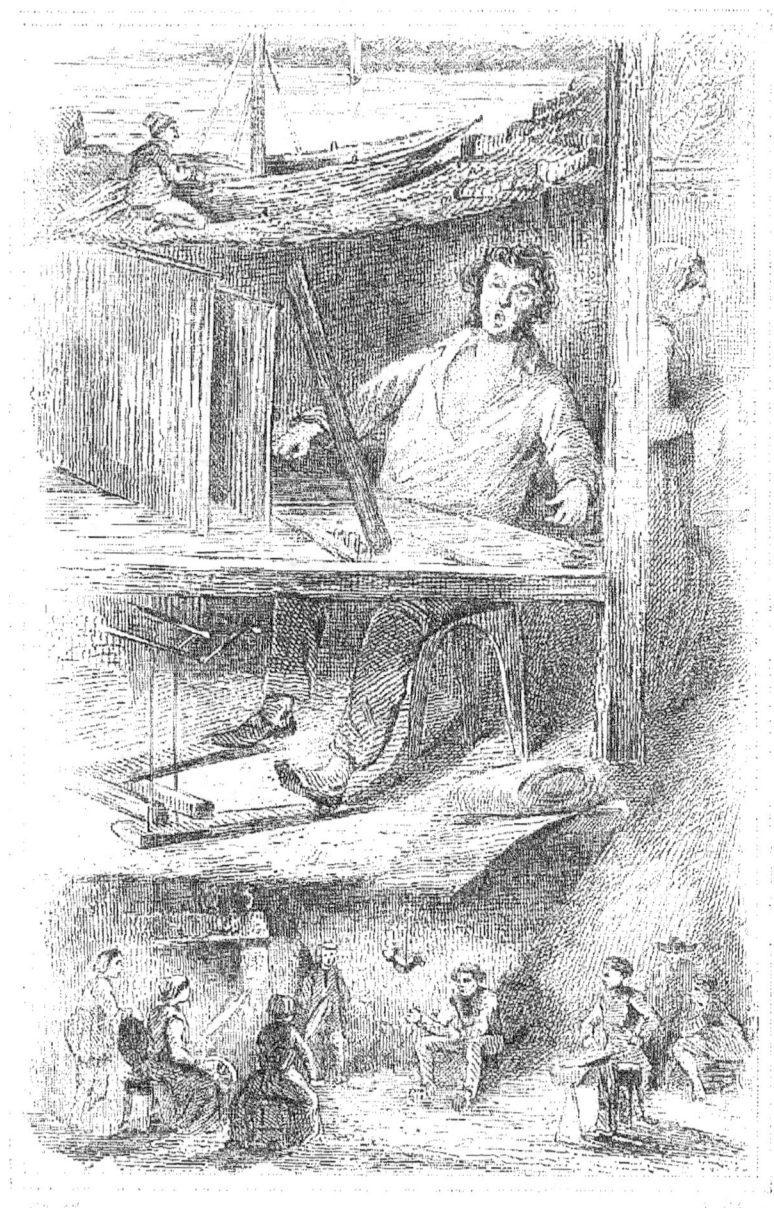

LE TISSERAND.

Des deux pieds battant mon métier,
Je tisse, et ma navette passe,
Elle siffle, passe et repasse,
Et je crois entendre crier
Une hirondelle dans l'espace.

Au chanvre, quand j'étais petit,
J'allais casser des chènevotes.
Tantôt je dénichais un nid,
Tantôt déchirais mes culottes :
C'était le beau temps du plaisir.
Le ciel depuis en fut avare.
En septembre on faisait rouir
Le chanvre dans la grande mare.

Des deux pieds battant mon métier,
Je tisse, et ma navette passe,
Elle siffle, passe et repasse,
Et je crois entendre crier
Une hirondelle dans l'espace.

Le chanvre aime le plat pays,
Les oiseaux sous sa verte ombrelle
Vont becqueter le chènevis :
Il a fleur mâle et fleur femelle.
De l'une on tire le gros fil
Pour le cordage et la voilure;

L'autre fournit le plus subtil,
Pour toile fine et pour guipure.

Des deux pieds battant mon métier,
Je tisse, et ma navette passe,
Elle siffle, passe et repasse,
Et je crois entendre crier
Une hirondelle dans l'espace.

Quand l'hiver chasse les oiseaux,
A la veillée on vient en troupe;
Les filles tournent leurs fuseaux
Et les garçons battent l'étoupe.
Chez un cordier, devenu grand,
Je tournai la roue à mon aise,
Et depuis, je suis tisserand,
Et le serai tant qu'à Dieu plaise.

Des deux pieds battant mon métier,
Je tisse, et ma navette passe,
Elle siffle, passe et repasse,
Et je crois entendre crier
Une hirondelle dans l'espace.

Tendre une chaîne et l'ajuster
Étampé contre la poitrine,
Nouer ses fils et les compter,
C'est minutieux, j'imagine :
Au fond des caves, le travail
Est plus beau, la toile est moins raide;
On perd la vue à fin de bail,
Les lunettes sont un remède.

Des deux pieds battant mon métier,
Je tisse, et ma navette passe,
Elle siffle, passe et repasse,
Et je crois entendre crier
Une hirondelle dans l'espace.

Encor, si je tissais en l'air,
Comme fait ma sœur l'araignée,
Sans ma lampe j'y verrais clair;
Mais bah! ma vie est résignée.
Il faut des voiles au vaisseau,
Aux morts des linceuls, aux fillettes
Qui me commandent leur trousseau
Des draps de lits et des layettes.

Des deux pieds battant mon métier,
Je tisse, et ma navette passe,
Elle siffle passe et repasse,
Et je crois entendre crier
Une hirondelle dans l'espace.

La propreté n'a pas de rang;
Dieu donne le chanvre et l'eau vive.
Faites gagner le tisserand
Et les laveuses de lessive.
Suffit-il pour être content
De bien manger et de bien boire?
Il faut avoir dans tous les temps
Du linge blanc dans son armoire.

Des deux pieds battant mon métier,
Je tisse, et ma navette passe,
Elle siffle, passe et repasse,
Et je crois entendre crier
Une hirondelle dans l'espace.

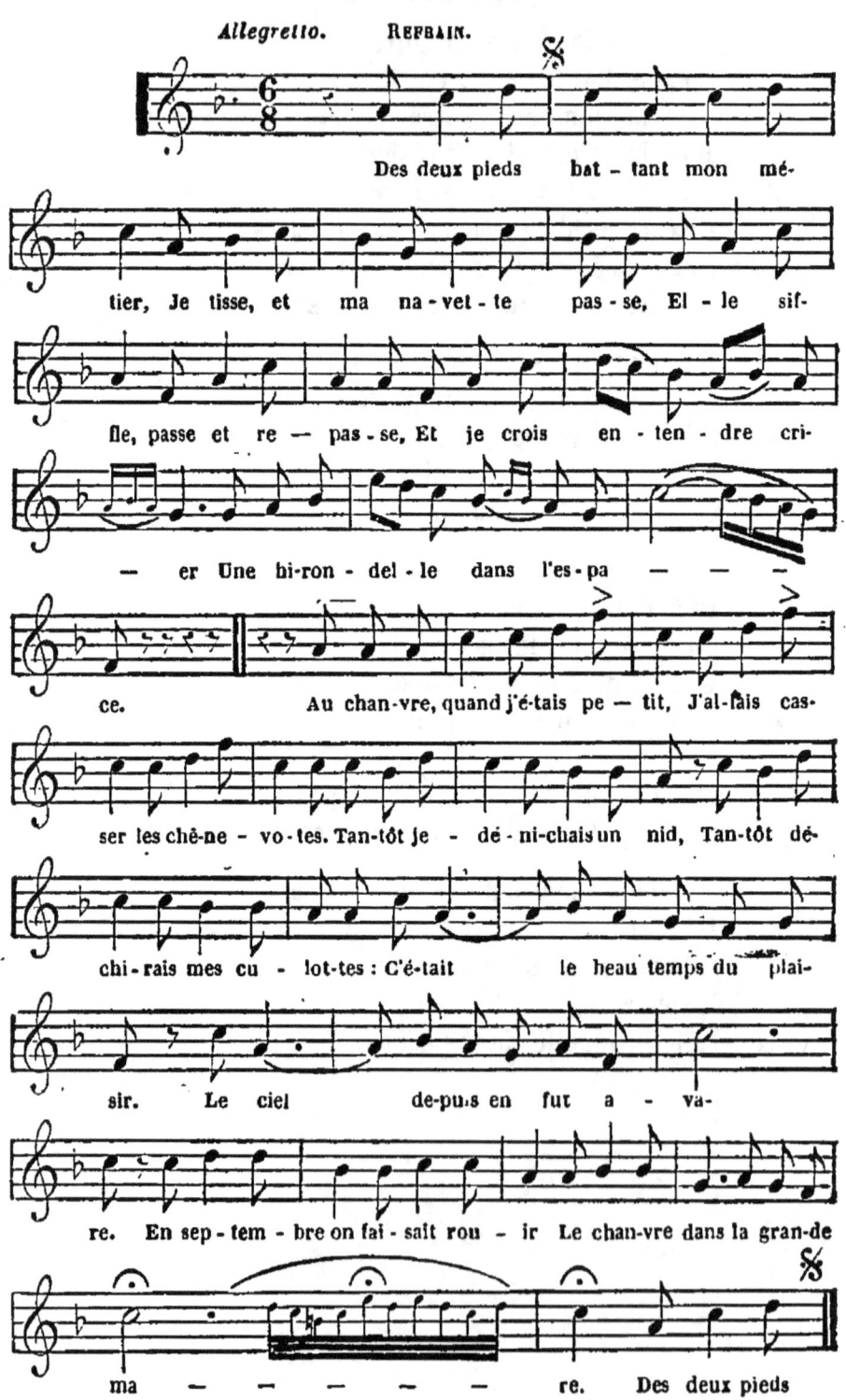

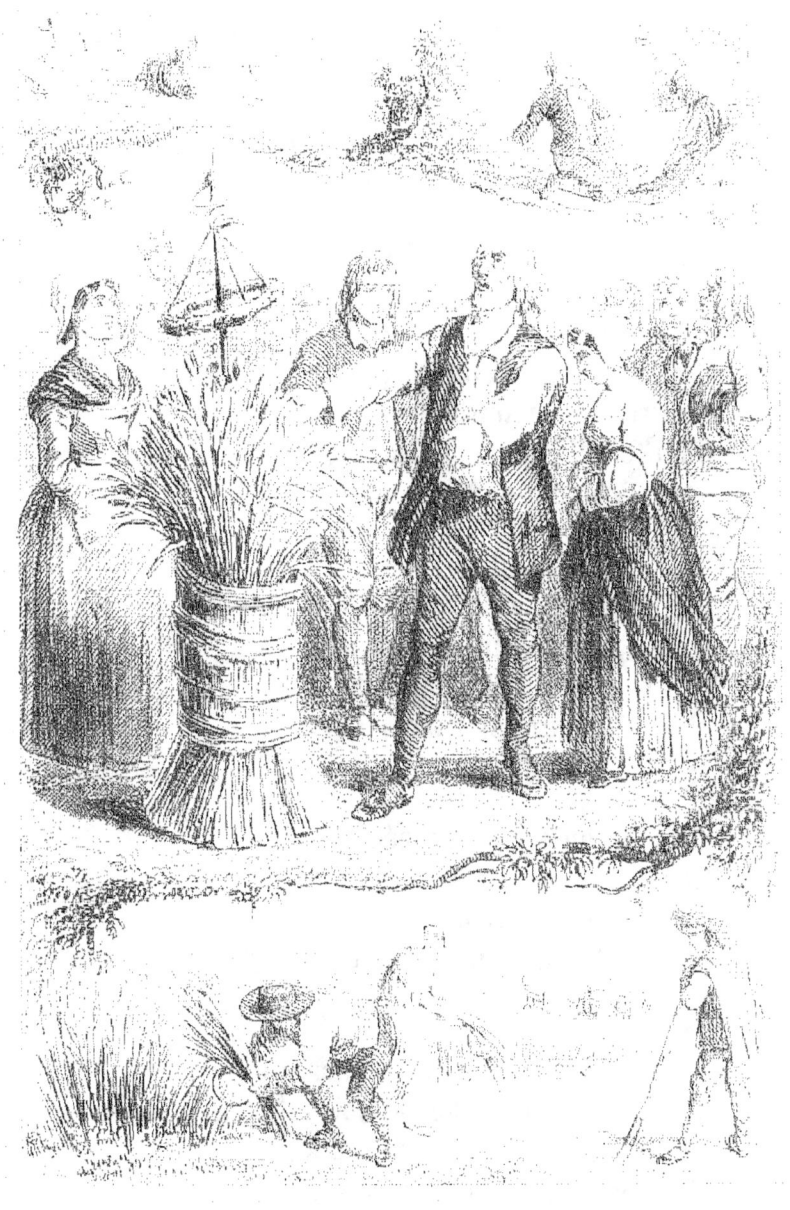

LA COMPLAINTE DE CLAUDIE.

A GEORGE SAND.

Je voudrais avec mélodie,
En prenant le ton langoureux,
Chanter l'histoire de Claudie
Aux paysans, aux amoureux.

Claudie était jolie et sage.
Un séducteur, un beau diseur,
Lui promettant le mariage,
Parvint à lui ravir son cœur.

Claudie en secret fiancée,
Sans être épouse, mit au jour
Un fils, et, mère délaissée,
N'abandonna point son amour.

Cher nouveau-né! de sa mamelle
La mère en pleurant le nourrit,
Mais douce à la fois et cruelle,
Un beau matin la mort le prit.

Depuis, seule avec son vieux père,
Faisant la moisson avec lui,
Elle glane son dur salaire.
Aussi triste que Noémi.

Le père est vieux, la fille est frêle,
Ils ne font qu'une raie à deux :
Sylvain, qui moissonne près d'elle,
A la paye en tombe amoureux.

Mais Grand-Rose (c'est la fermière),
Brûlant en secret pour Sylvain,
Veut chasser la fille et le père
Qui font obstacle à son dessein.

Or le séducteur de Claudie
A Grand-Rose fait les doux yeux,
Et redoutant quelque infamie,
Tient de méchants propos contre eux.

Cet homme par ses caquetages
Les met tous comme chat et chien ;
Il aurait brouillé vingt ménages
Plutôt que d'arranger le sien.

Le vieillard abrite sa fille
Entre ses deux bras vacillants
Brisés par l'âge et la faucille,
A l'ombre de ses cheveux blancs.

Puis il bénit la gerbe haute,
Sépare la paille du blé,
Confond le crime, absout la faute,
Et le coupable est dévoilé.

Donc Sylvain épouse Claudie
Et l'on chasse le ravisseur;
La dot par Grand-Rose arrondie
Assure aux époux le bonheur.

Devant les scènes de ce drame
J'ai pleuré, mêmement j'ai ri.
L'auteur, dit-on, est une dame
Qui l'a glané dans le Berri.

CLAUDIE.

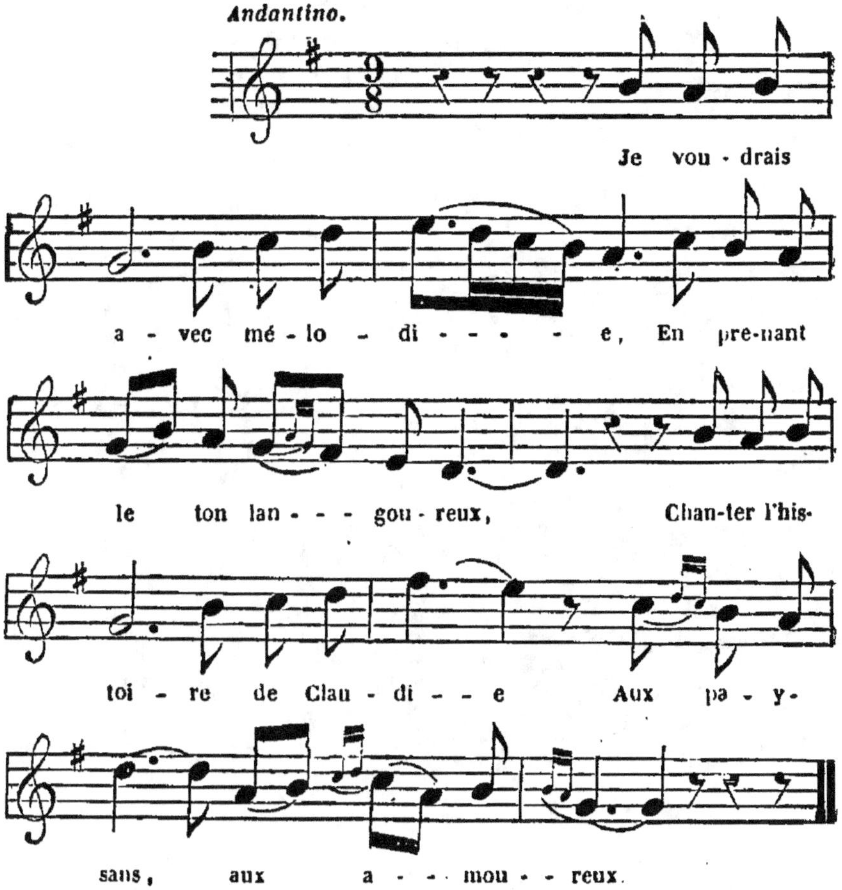

Andantino.

Je voudrais avec mélodie, En prenant le ton langoureux, Chanter l'histoire de Claudie Aux pays, aux amoureux.

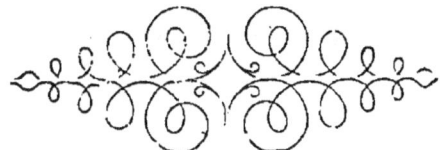

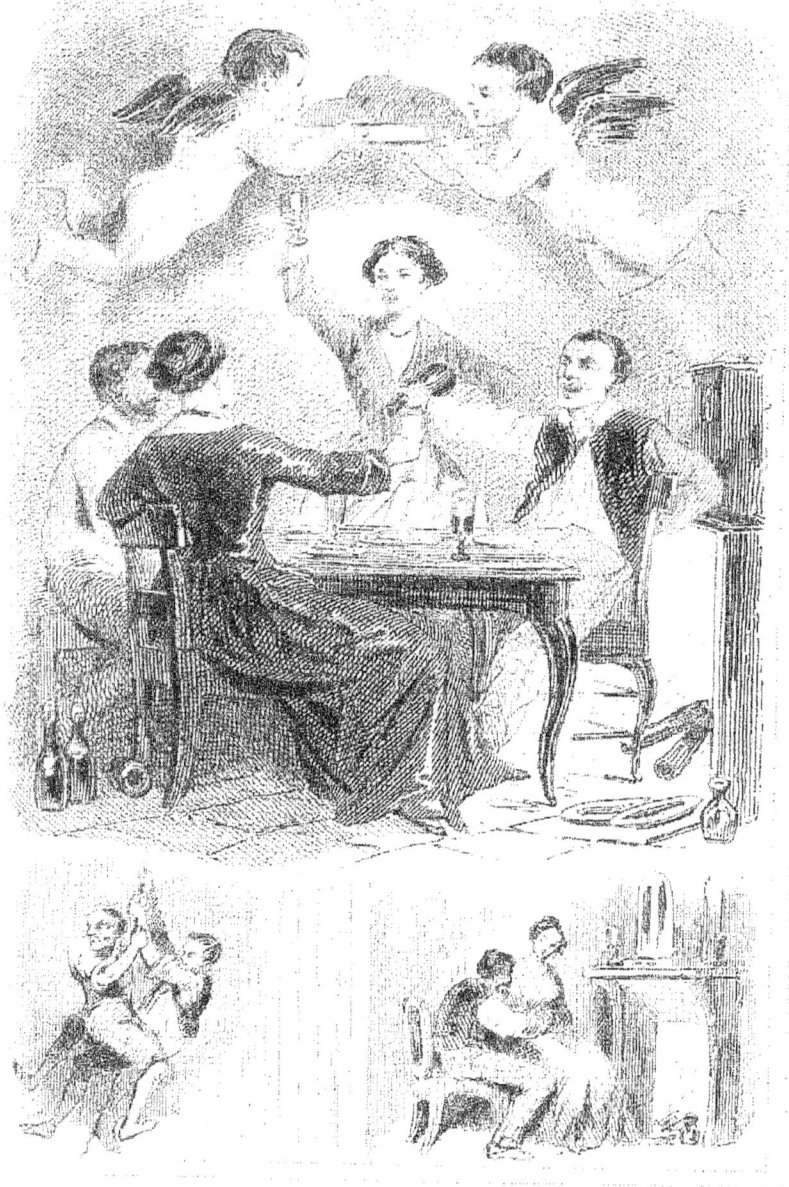

LE RÉVEILLON DE PARIS.

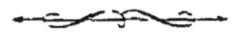

C'est le vingt-cinq décembre
Qu'il fait bon dans la chambre,
Avec la bûche de Noël
Qui, dans la sombre cheminée,
Trace une route illuminée
D'autant d'étoiles que le ciel.

Ce vieil amant de nos grand'mères,
Le réveillon survit toujours,
Malgré les cancans des commères,
Aux vieilles bandes des amours.
Il ramène toujours les fées
Avec le saucisson à l'ail,
Avec les poulardes truffées
Ou tout autre friand bétail.

C'est le vingt-cinq décembre
Qu'il fait bon dans la chambre,
Avec la bûche de Noël
Qui, dans la sombre cheminée,
Trace une route illuminée
D'autant d'étoiles que le ciel.

La fée est parente du mage :
Ce soir-là, chaque petit roi,
Avec la dignité d'un sage,
Fait souper sa fée avec soi.
Allons, bourgogne; allons, champagne,
Vieux sonneurs, sonnez à grand bruit;
Mettez votre monde en campagne
Pour qu'il arrive avant minuit.

    C'est le vingt-cinq décembre
      Qu'il fait bon dans la chambre,
Avec la bûche de Noël
Qui, dans la sombre cheminée,
Trace une route illuminée
D'autant d'étoiles que le ciel.

Eh! quoi! mesdames, on vous grise!
Quel scandale, quand il faudra
Que vous entriez à l'église!
Le bedeau vous en chassera.
Ah! il vous faudrait une messe
Où Musard, d'un air solennel,
Ferait signe à la grosse caisse
D'accompagner l'air du Noël.

    C'est le vingt-cinq décembre
      Qu'il fait bon dans la chambre,
Avec la bûche de Noël
Qui, dans la sombre cheminée,
Trace une route illuminée
D'autant d'étoiles que le ciel.

Mais je vois vos yeux de pervenche,
Devenus doux et triomphants,
Solliciter la messe blanche,
La messe des petits enfants.
La bûche s'écroule en fumée,
Nous sommes seuls restés brûlants.
Allons ! l'alcôve parfumée
Nous montre de loin ses draps blancs.

C'est le vingt-cinq décembre
Qu'il fait bon dans la chambre.
Avec la bûche de Noël,
Qui, dans la sombre cheminée,
Trace une route illuminée
D'autant d'étoiles que le ciel.

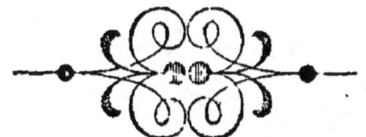

LE RÉVEILLON DE PARIS.

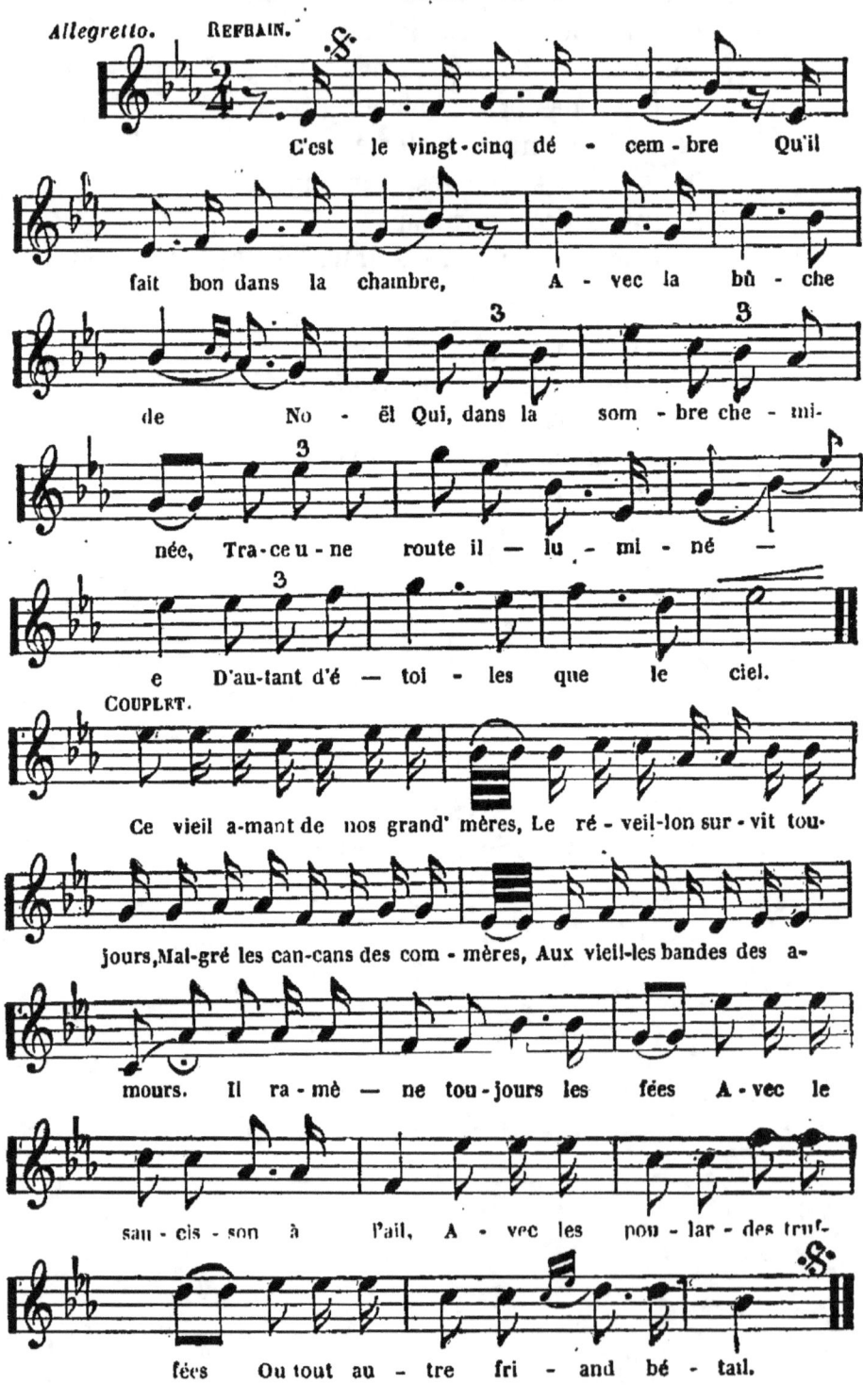

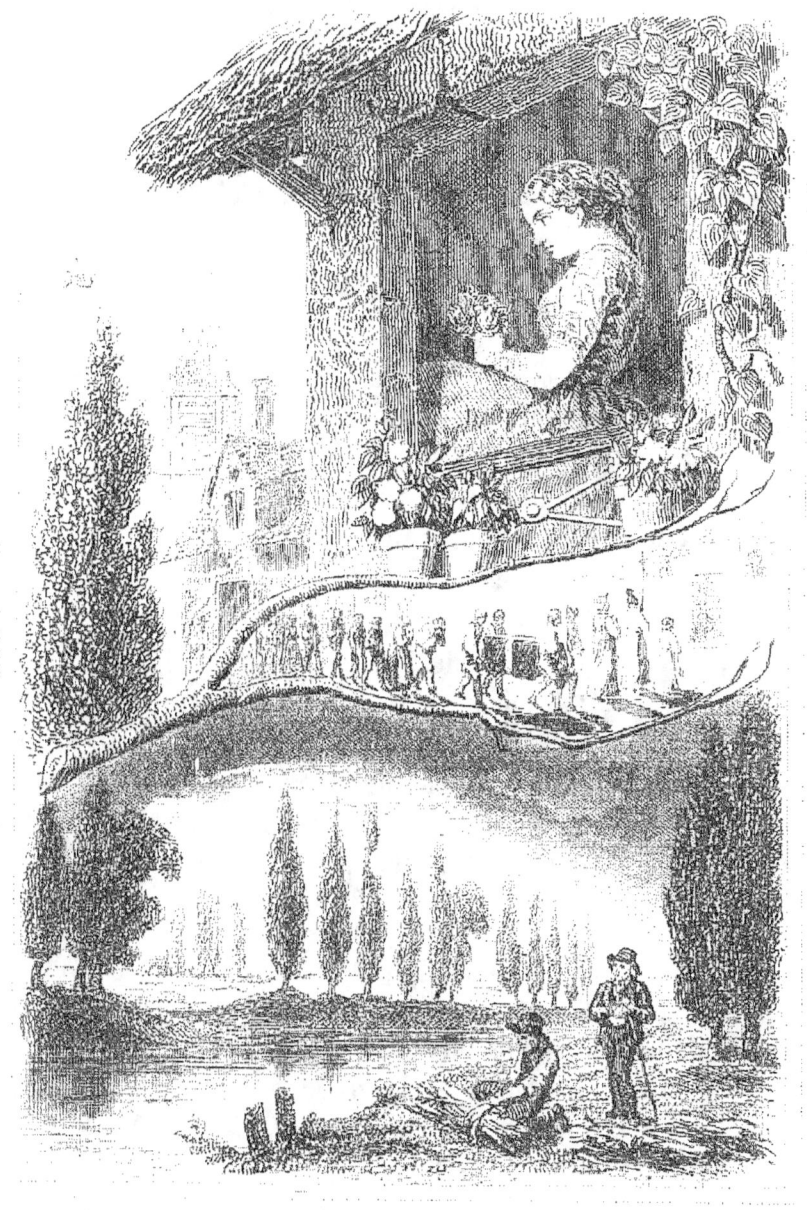

LA ROMANCE DU PEUPLIER.

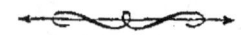

Un beau peuplier d'Italie
Jusqu'à ma fenêtre montait;
A sa pointe un oiseau chantait
Une chansonnette jolie
Que ma voix gaîment répétait
Pour chasser la mélancolie.

En fagots on vient de lier
    Les branches
  De mon peuplier;
Dans son bois on vient de scier
    Des planches
Dans le cœur de mon peuplier.

Avant d'être sur cette place
Et de briller en plein Paris,
Épandant sur nos vieux débris
Un air de fraîcheur et de grâce,
En un vallon, loin de nos cris,
Il se balançait dans l'espace.

En fagots on vient de lier
    Les branches
  De mon peuplier;
Dans son bois on vient de scier
    Des planches
Dans le cœur de mon peuplier.

Pour célébrer une naissance,
Un baptême de liberté,
Février l'avait transplanté
En un jour de réjouissance ;
Ah ! pourquoi nous avoir ôté
Ce gai symbole d'espérance !

En fagots on vient de lier
  Les branches
 De mon peuplier ;
Dans son bois on vient de scier
  Des planches
Dans le cœur de mon peuplier.

Je me sentais bonne et plus pure,
Quand je voyais dedans le vent,
Mon gentil peuplier mouvant
Comme une longue chevelure ;
Je croyais qu'il était vivant,
J'en veux avoir une bouture.

En fagots on vient de lier
  Les branches
 De mon peuplier ;
Dans son bois on vient de scier
  Des planches
Dans le cœur de mon peuplier.

Je te planterai dans la terre,
Rameau chéri, près de mes fleurs,
Qui pour moi sont toutes des sœurs,
Et je t'appellerai mon frère.
Tu m'aimeras, et si je meurs,
Tu me suivras au cimetière.

En fagots on vient de lier
    Les branches
De mon peuplier;
Dans son bois on vient de scier
    Des planches
Dans le cœur de mon peuplier.

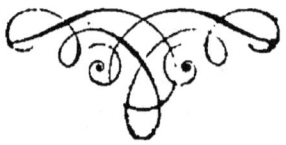

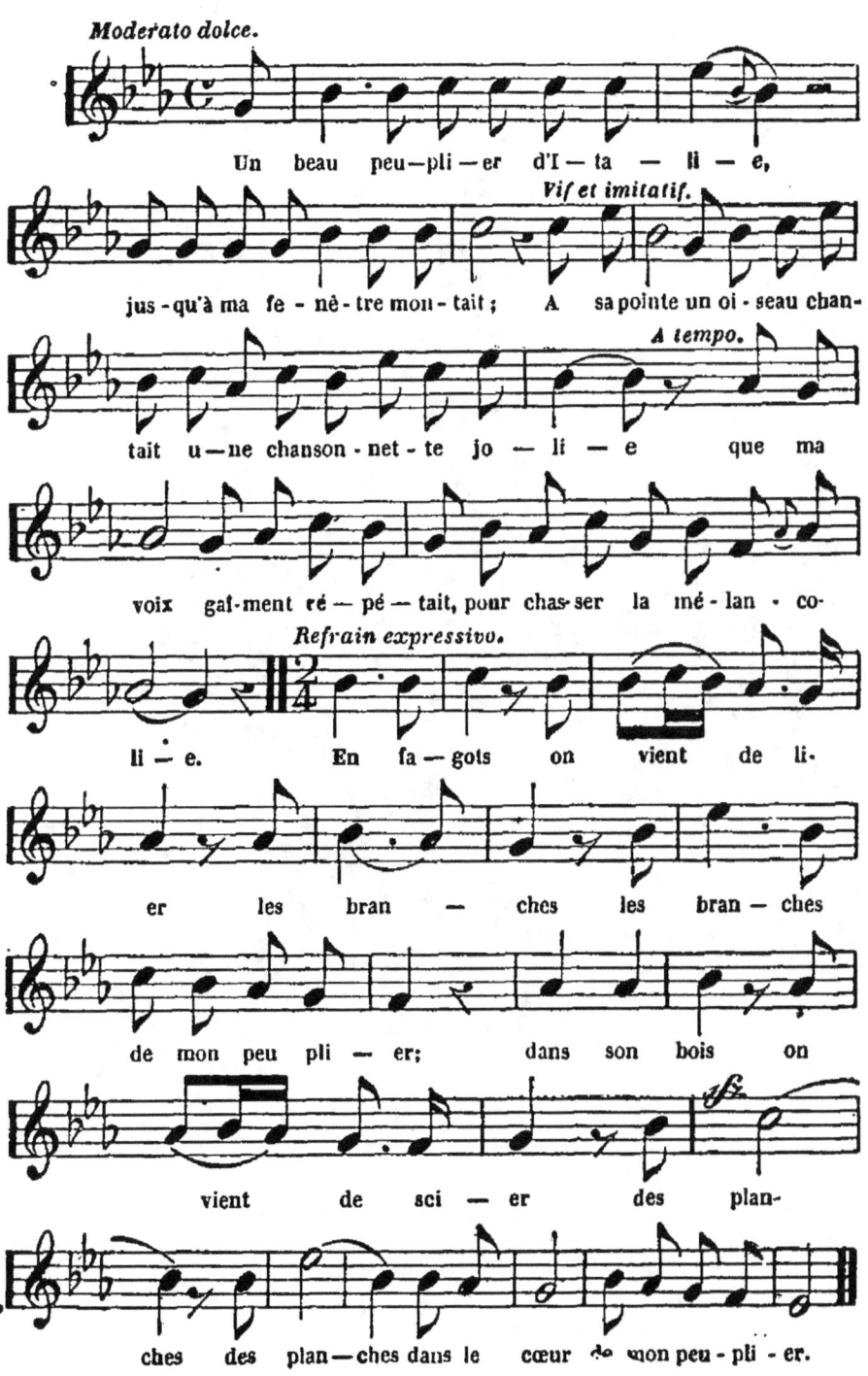

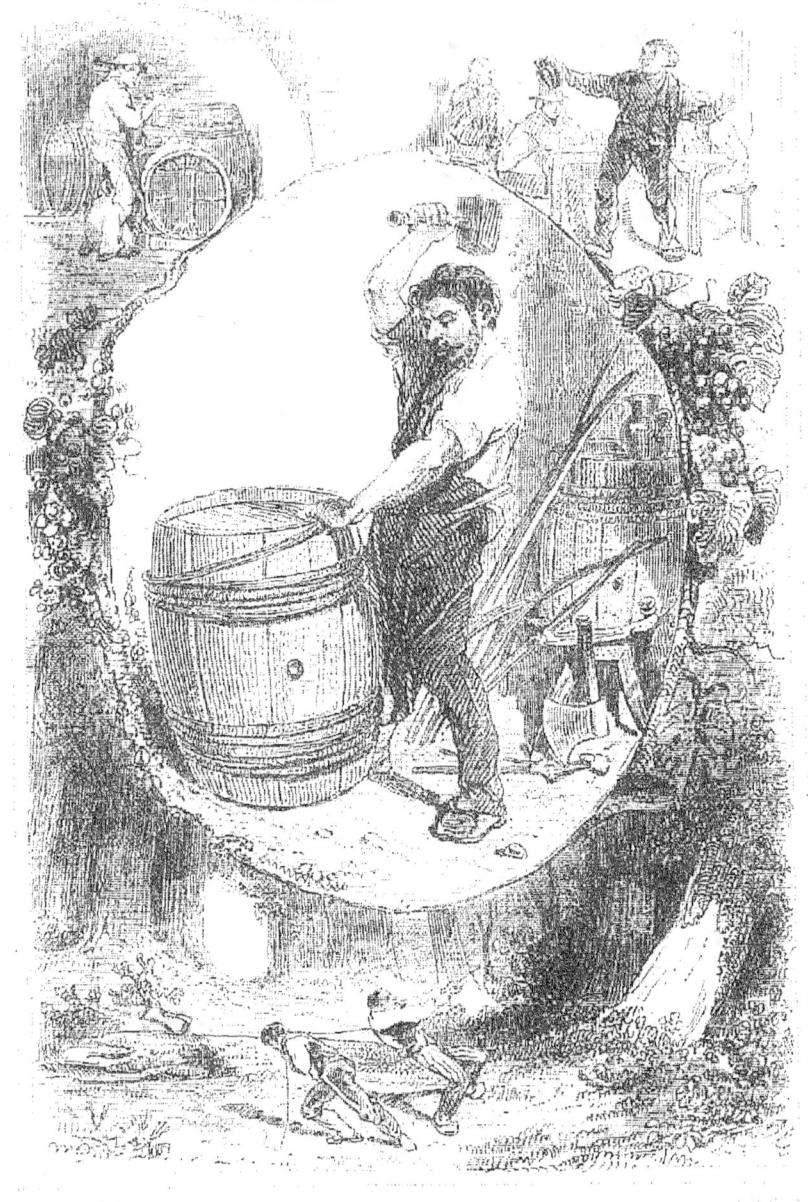

LE TONNEAU.

Pan, pan, pan, pan,
Pan, pan, pan, pan,
Chasse les cercles du tonneau,
Maillet sonore,
Pour enfermer le vin nouveau,
Fils de l'aurore.

De la vigne le bois tortu
Festonne les collines,
Mais que deviendrait la vertu
De ces grappes divines,
Si pour conserver la liqueur
Qui chasse tant de peines,
Il ne croissait sur la hauteur
Châtaigniers et grands chênes?

Pan, pan, pan, pan,
Pan, pan, pan, pan,
Chasse les cercles du tonneau,
Maillet sonore,
Pour enfermer le vin nouveau,
Fils de l'aurore.

Le bûcheron la hache au poing
Abat l'arbre et l'écorce,
Les doleurs y mettent leur soin,
Le calcul suit la force,
Le bois est prêt, gai tonnelier,
Mets à jour ta science!
L'apprenti fait tremper l'osier
Et le tonneau commence.

Pan, pan, pan, pan,
Pan, pan, pan, pan,
Chasse les cercles du tonneau,
Maillet sonore,
Pour enfermer le vin nouveau,
Fils de l'aurore.

L'osier en trois joint le cerceau;
Chaque douve affûtée,
Mise au point se courbe en arceau,
La futaille est voûtée,
Qu'on la flambe dans un feu clair,
Elle est ventrue et ronde;
Foncez-là, qu'il n'entre pas d'air,
Enfin percez la bonde.

Pan, pan, pan, pan,
Pan, pan, pan, pan,
Chasse les cercles du tonneau,
Maillet sonore,
Pour enfermer le vin nouveau,
Fils de l'aurore.

Ce fût que va-t-il contenir?
La joie et l'espérance,
Les songes d'or de l'avenir,
Le baume à la souffrance.
Soleil qui t'en vas loin de nous
Au déclin de l'automne,
Que de tes rayons le plus doux
Dans ce fût s'emprisonne.

Pan, pan, pan, pan,
Pan, pan, pan, pan,
Chasse les cercles du tonneau,

Maillet sonore,
Pour enfermer le vin nouveau,
Fils de l'aurore,

Est-il plus fier qu'un tonnelier
Dans l'ombre d'une cave,
Sa lampe accrochée au pilier,
Travaillant d'un air grave,
Dégustant, transvasant, collant
Ou mettant en bouteilles,
Les meilleurs crus de rouge et blanc
Des dates les plus vieilles.

Pan, pan, pan, pan,
Pan, pan, pan, pan,
Chasse les cercles du tonneau,
Maillet sonore,
Pour enfermer le vin nouveau,
Fils de l'aurore.

Un tonnelier, vieux riverain
De la côte du Rhône,
A fait le voyage du Rhin
En s'arrêtant à Beaune,
Sans perdre une fois la raison
Étant octogénaire,
Et n'a qu'une fois par saison
Battu sa ménagère.

Pan, pan, pan, pan,
Pan, pan, pan, pan.
Chasse les cercles du tonneau,
Maillet sonore,
Pour enfermer le vin nouveau,
Fils de l'aurore

LE TONNEAU.

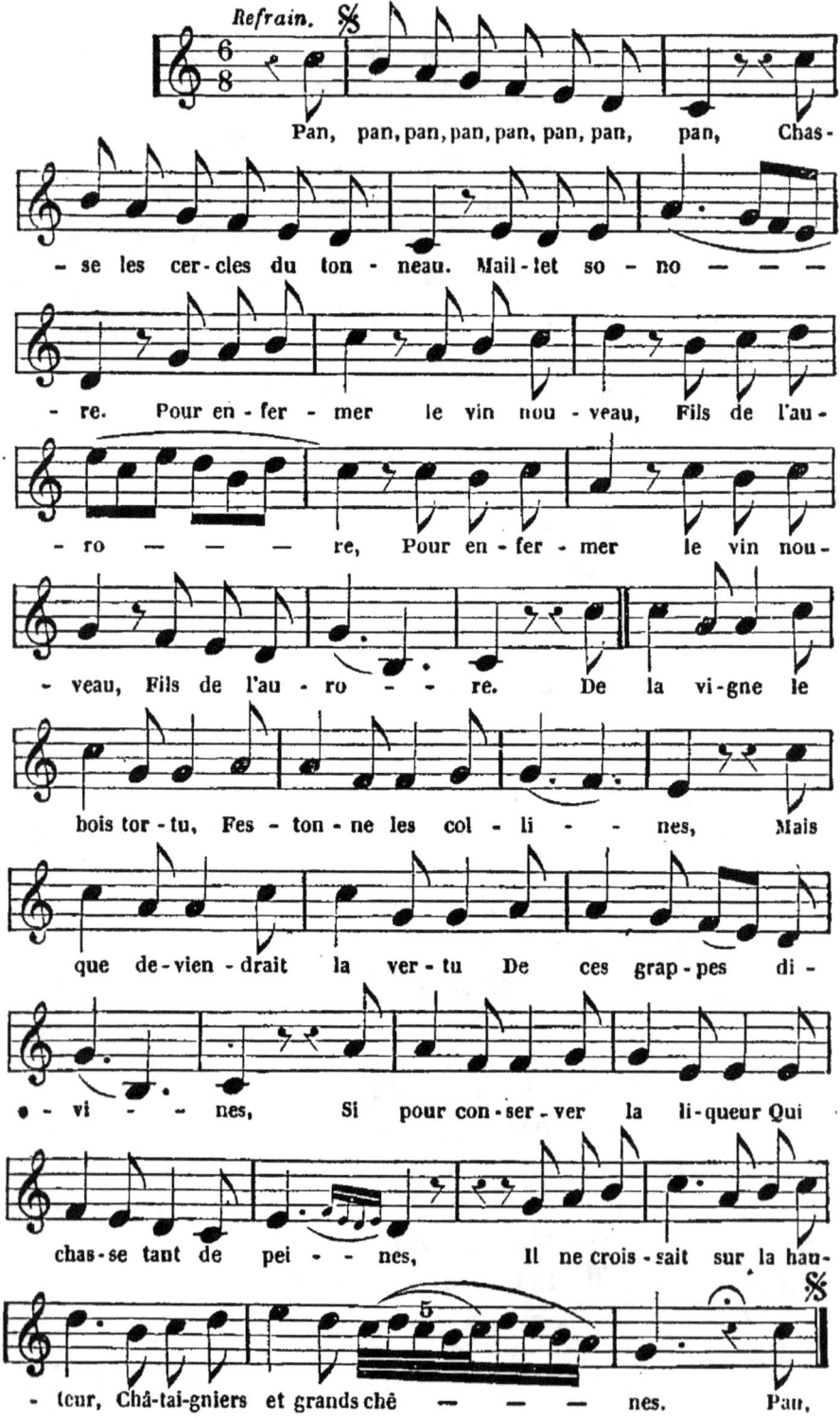

Pan, pan, pan, pan, pan, pan, pan, pan, Chasse les cercles du tonneau. Maillet sonore. Pour enfermer le vin nouveau, Fils de l'aurore, Pour enfermer le vin nouveau, Fils de l'aurore. De la vigne le bois tortu, Festonne les collines, Mais que deviendrait la vertu De ces grappes divines, Si pour conserver la liqueur Qui chasse tant de peines, Il ne croissait sur la hauteur, Châtaigniers et grands chênes. Pan,

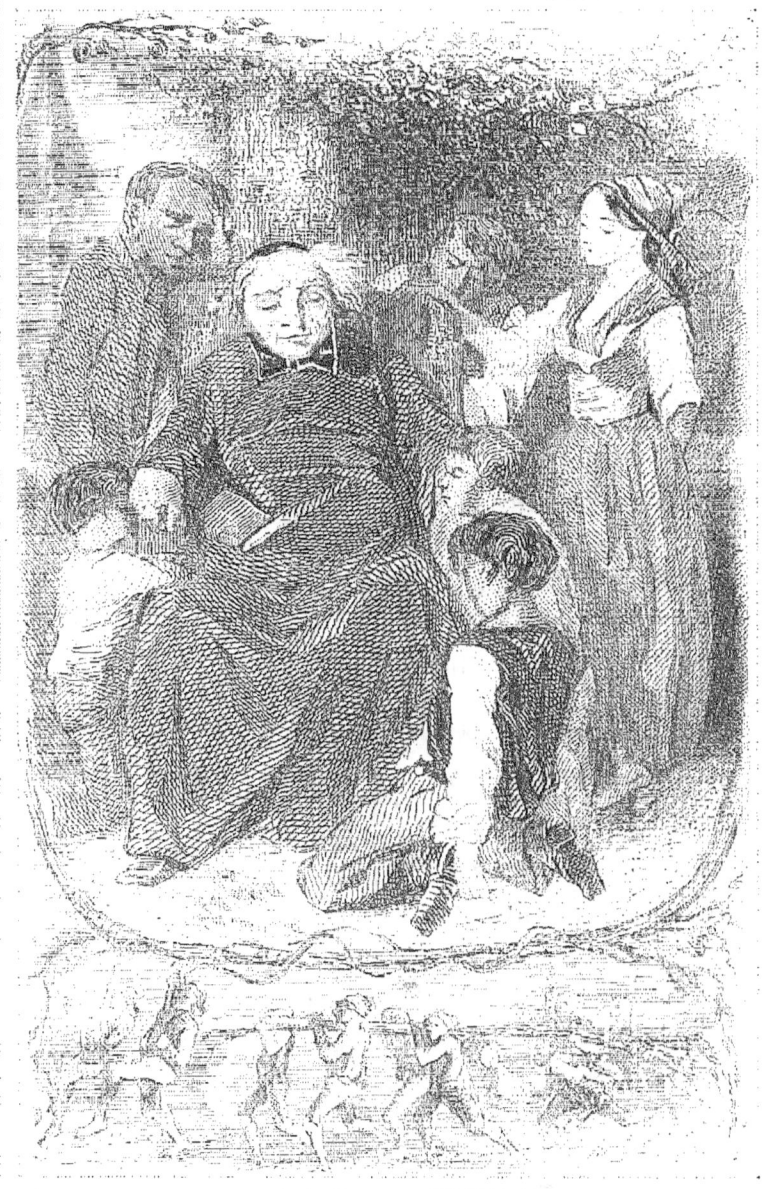

LA FÊTE DU CURÉ.

Dans un modeste presbytère,
Un bon pasteur des plus anciens,
Que Dieu laissait encor sur terre
Pour faire le bonheur des siens,
Disait, chaque année à sa fête,
A tout son troupeau réuni :
Mes chers enfants, mon âme est prête
A regagner son premier nid.

Pourquoi tromper ceux que l'on aime ?
Lui répondaient les paysans ;
Vous nous dites toujours de même
    Tous les ans,
Vous nous direz encor de même
    Dans dix ans.

Alors il leur contait sa vie,
Qu'il datait déjà de longtemps ;
En sa jeunesse poursuivie,
Il avait eu d'affreux instants.
A son arrivée au village,
On avait planté ce noyer
Dont le soixantième feuillage
Ne laissait pas de l'égayer,

Pourquoi tromper ceux que l'on aime?
Lui répondaient les paysans;
Vous nous dites toujours de même
    Tous les ans,
Vous nous direz encor de même
    Dans dix ans.

Enfin, joyeux de leur tendresse,
Il disait pour les consoler :
Mes bons amis, rien ne me presse,
Et j'attendrai pour m'en aller
Que les rameaux dont se couronne
Le vieux noyer soient reverdis,
Puisque parmi vous Dieu me donne
Un avant-goût du paradis.

Pourquoi tromper ceux que l'on aime?
Lui répondaient les paysans;
Vous nous dites toujours de même
    Tous les ans,
Vous nous direz encor de même
    Dans dix ans.

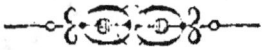

LA FÊTE DU CURÉ.

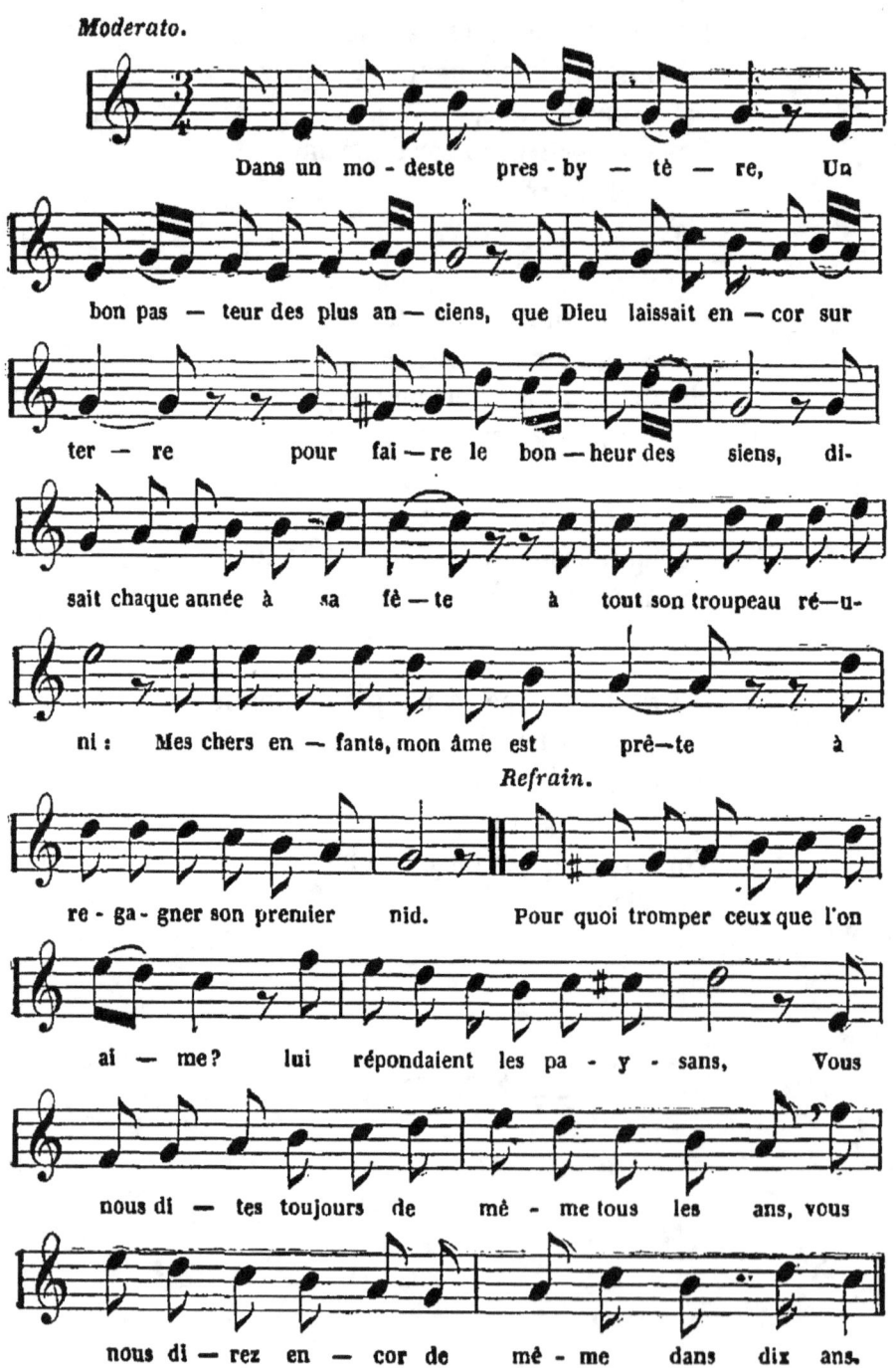

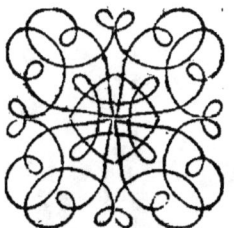

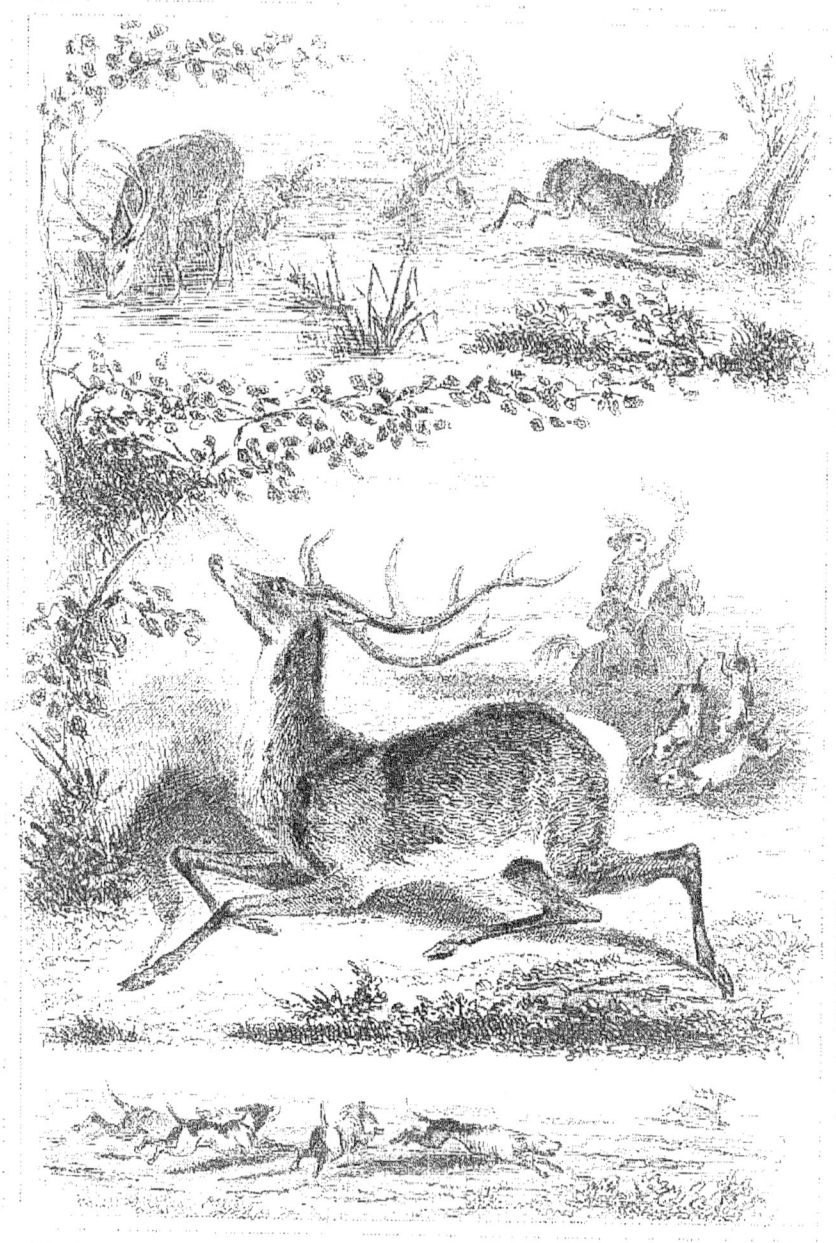

LE CERF.

Le cerf est venu boire
Sous les coudriers verts ;
Cors d'argent, cors d'ivoire,
Sonnez vos plus doux airs.

Il paissait là, superbe,
Sous les verts coudriers.
On voit encor dans l'herbe
La trace de ses pieds.

On dit que les laveuses
Souvent ont pu le voir
En allant, matineuses,
En allant au lavoir.

Battez colline et plaine,
Page, écuyer, piqueur !
La dame châtelaine
Tient le prix du vainqueur.

C'est une écharpe blanche
Où ses mains ont tracé,
En couleur de pervenche,
Son chiffre entrelacé.

Hurra! voici la bête,
La bête au pied léger!
Sa ramure l'arrête,
Le cerf est en danger.

Allons, meute altérée,
Mets le cerf aux abois,
Et poursuis la curée
Jusques au fond du bois!

Il faut qu'il tombe et meure!
Point de pitié pour lui,
Pas même quand il pleure
Au chant de l'hallali.

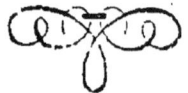

LE CERF.

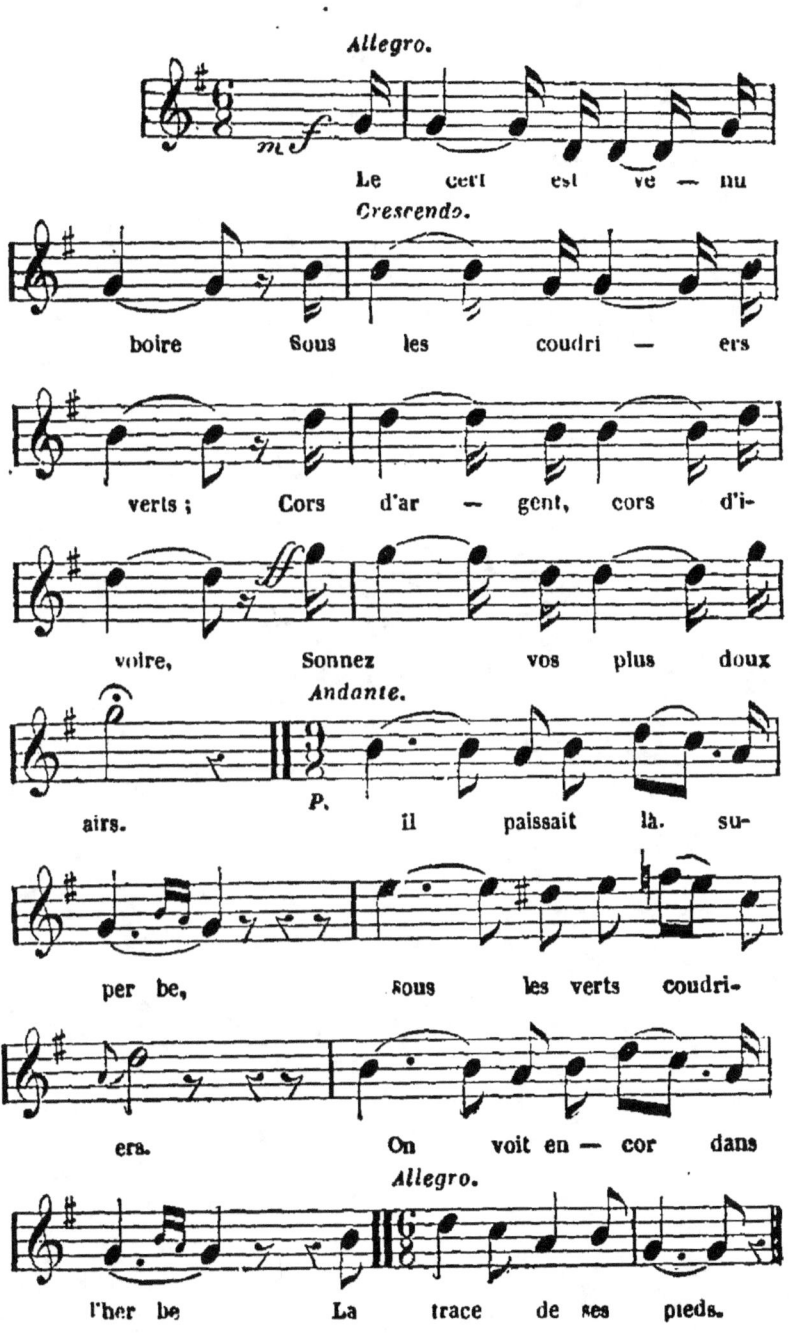

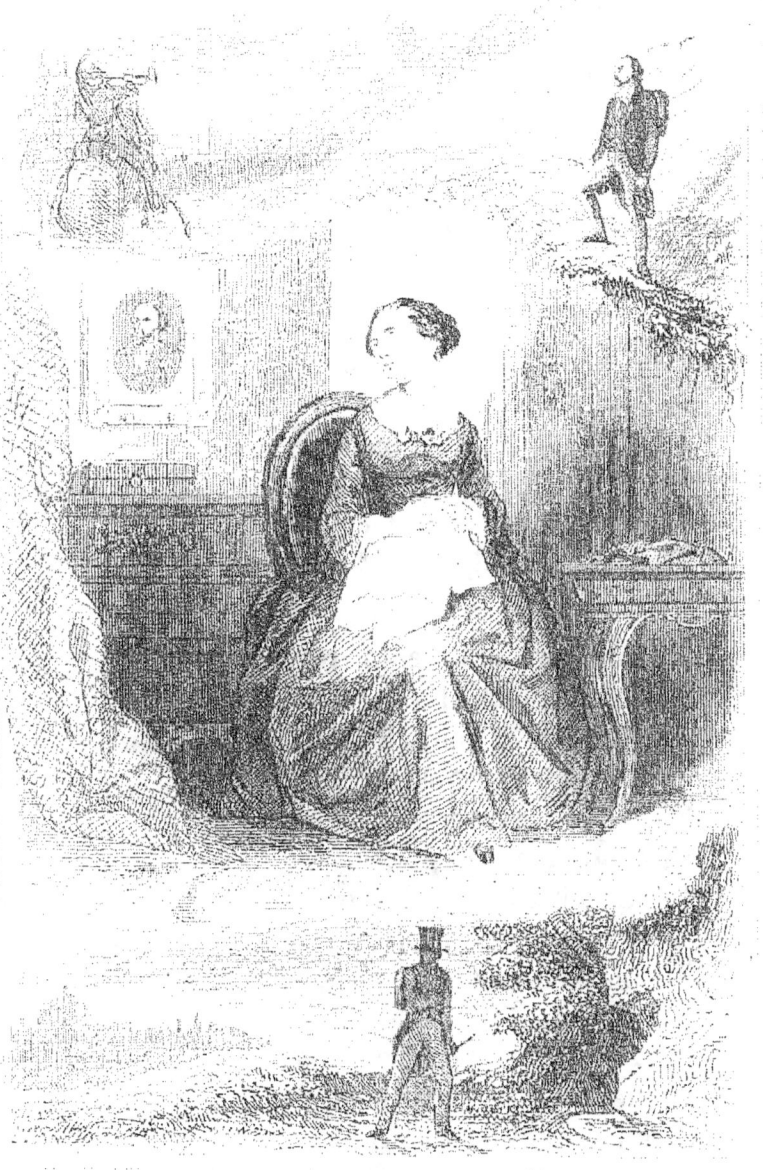

MON BIEN-AIMÉ.

1849.

Où t'en vas-tu, mon bien-aimé,
Pendant que je travaille et pleure,
Solitaire dans ma demeure
Comme un rossignol enfermé ?

Tu fuis la ville, ardente arène
Que se disputent les partis :
Tu cherches la claire fontaine
Où boivent les myosotis ;
Tu vas pleurer sur ta patrie
Et sur tes amis en prison,
Devant l'herbe de la prairie,
En face du grand horizon,
Tu vas pleurer sur ta patrie !

Où t'en vas-tu, mon bien-aimé,
Pendant que je travaille et pleure,
Solitaire dans ma demeure
Comme un rossignol enfermé ?

Je te suis sur toutes les pentes,
Dans les ravins, sur les hauts lieux
Où tu gîtes, où tu serpentes,
Cachant ton cœur à tous les yeux.

Que ne suis-je brin d'herbe ou rose
Dans les jardins où je te vois,
Ou le bel oiseau qui se pose
Pour te faire écouter sa voix :
Que ne suis-je brin d'herbe ou rose !

Où t'en vas-tu, mon bien-aimé,
Pendant que je travaille et pleure,
Solitaire dans ma demeure
Comme un rossignol enfermé ?

Je ne crains pas qu'une autre grâce
Prenne en ses lacs ton cœur troublé ;
Je sais pourquoi ton pied se lasse
A travers la vigne et le blé.
Tu vas implorer la nature,
Pour qu'elle donne chaque jour
A tous ses enfants la pâture,
La paix, le sommeil et l'amour.
Tu vas implorer la nature.

Où t'en vas-tu, mon bien-aimé,
Pendant que je travaille et pleure,
Solitaire dans ma demeure
Comme un rossignol enfermé ?

Entends-tu les accents du cuivre
Inviter les pâles humains
A se tuer, au lieu de vivre,
Adonnés au travail des mains ?
Oh ! ne t'en vas pas à la guerre
Pour y gagner des hochets d'or,
Ou bien que ce soit la dernière
Si tu devais te battre encor ;
Oh ! ne t'en vas pas à la guerre !

Où t'en vas-tu, mon bien-aimé,
Pendant que je travaille et pleure,
Solitaire dans ma demeure
Comme un rossignol enfermé ?

Viens plutôt, quand la nuit sereine,
Semant dans l'air ses blancs pavots,
Assoupit dans les cœurs la haine,
Près de moi goûter le repos.
Oh! rien qu une heure, heure furtive,
Sur nous l'étoile veillera;
A l'aube, l'alouette active
Du sein des blés t'appellera :
Oh! rien qu'une heure, heure furtive.

Où t'en vas-tu, mon bien-aimé,
Pendant que je travaille et pleure,
Solitaire dans ma demeure
Comme un rossignol enfermé ?

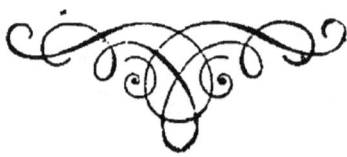

MON BIEN-AIMÉ.

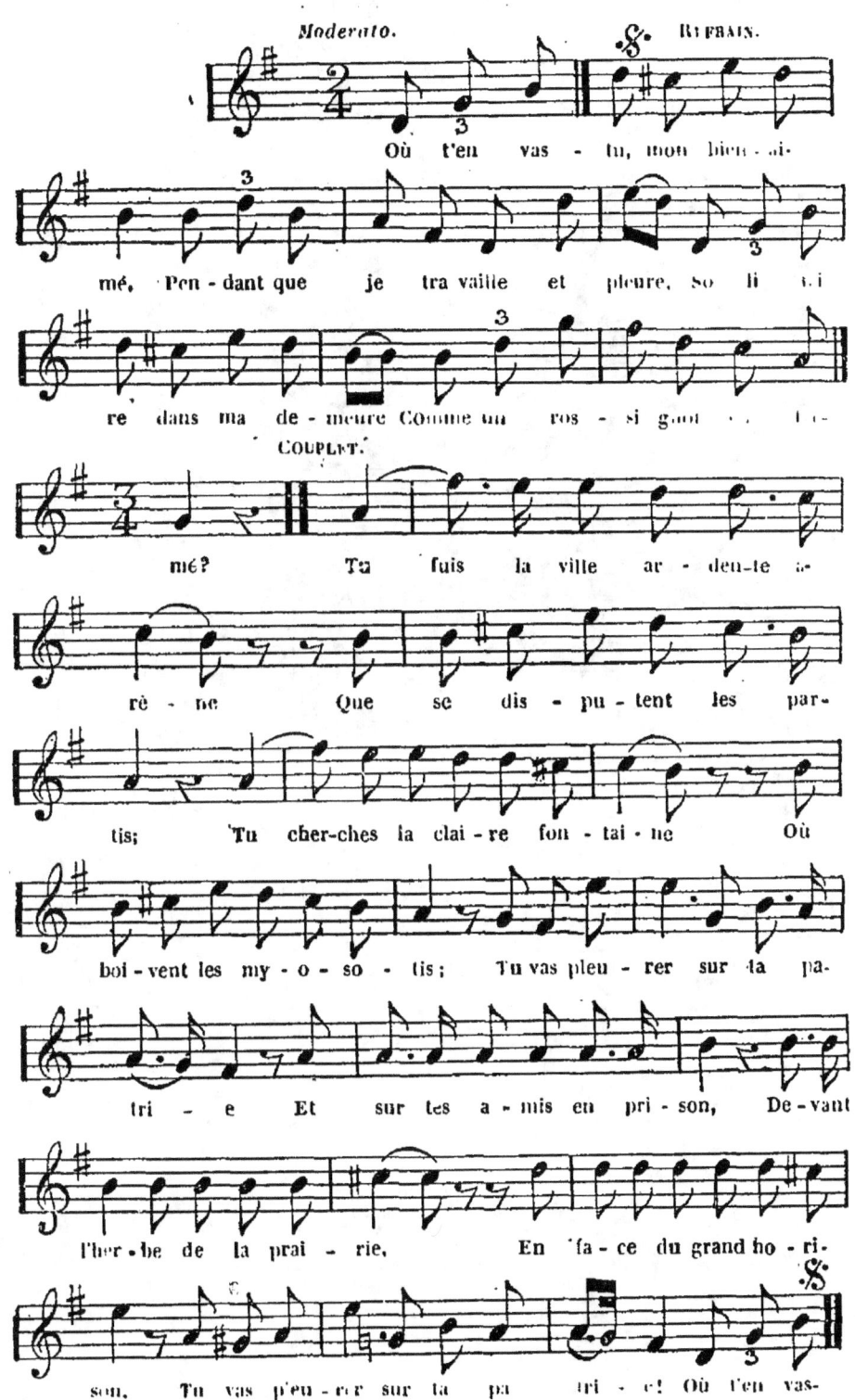

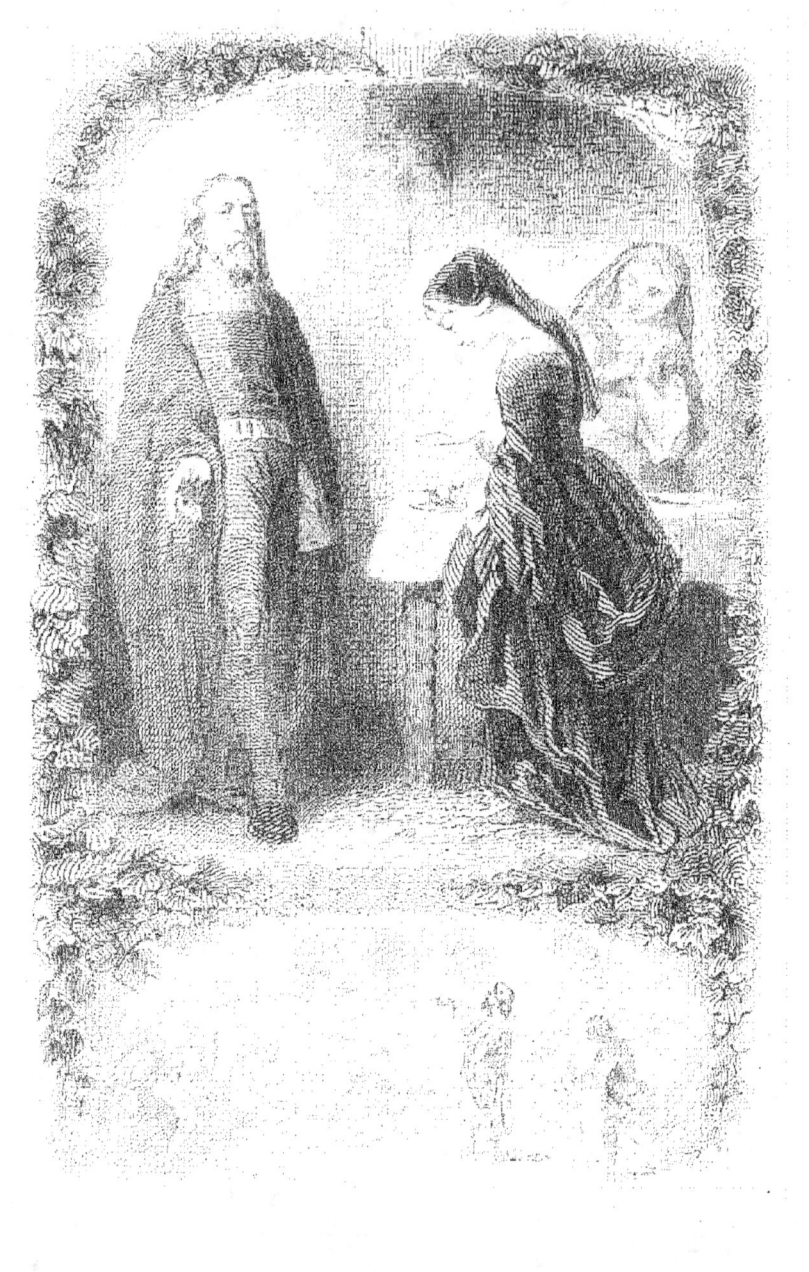

LA COMTESSE MARGUERITE.

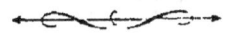

La comtesse Marguerite,
Veuve du comte Raymond,
Languissait comme un ermite
Sur la crête d'un vieux mont ;
Avec une seule suivante,
En un castel tout délabré,
Cent fois plus morte que vivante,
Triste comme un *miserere*.

Elle avait un oratoire,
Où le corps du trépassé,
Dans le vermeil et la moire
Splendidement enchâssé,
Au cœur brûlant de la comtesse,
Dont le nom pieux nous resta,
Entretenait une tristesse
Pareille aux lampes de Vesta.

Par une nuit de décembre,
En revenant de prier,
Elle mangeait dans sa chambre
Quelques fruits de son fruitier ;

La suivante vint effarée
Dire : on frappe à l'huis du château ;
Et soudain paraît à l'entrée
Un cavalier dans son manteau.

Il entre avec courtoisie ;
Il pleut de ses cheveux blonds
Le parfum de l'ambroisie
Et des fleurs de nos vallons :
Sa barbe fourchue est frisée,
Et l'émail de ses blanches dents
Éclate en sa bouche rosée,
Son front et ses yeux sont ardents.

Près de la veuve il prend place ;
Étale son bleu pourpoint,
Et, pour rompre enfin la glace,
Frappant la table du poing ;
La collation est frugale,
Dit-il avec joyeuse humeur ;
Il faut ici qu'on me régale :
J'ai grand'faim et suis grand seigneur.

Lors, la triste châtelaine
Répondit au cavalier :
Seigneur, si ma bourse est pleine,
Je n'ai rien en mon cellier ;
Je n'ai rien plus en mon office ;
Je suis veuve, que voulez-vous ?
Prenez mon or en sacrifice,
Laissez-moi pleurer mon époux.

Monseigneur, de la cassette,
En souriant, prend la clé,

L'attache à son aiguillette,
Et soudain, ensorcelé,
Le castel n'est plus qu'une salle
Où, parmi les fleurs et le fruit,
Un festin somptueux s'étale,
Le jour s'allume en plein minuit.

Il entre de pauvres hères
Qui se hâtent à manger ;
Madame, ce sont vos frères,
Reprend le bel étranger.
Et comme son œil plein de flamme
Troublait Marguerite en secret :
« Ne craignez rien ! dit-il, madame,
» Je suis Jésus de Nazareth. »

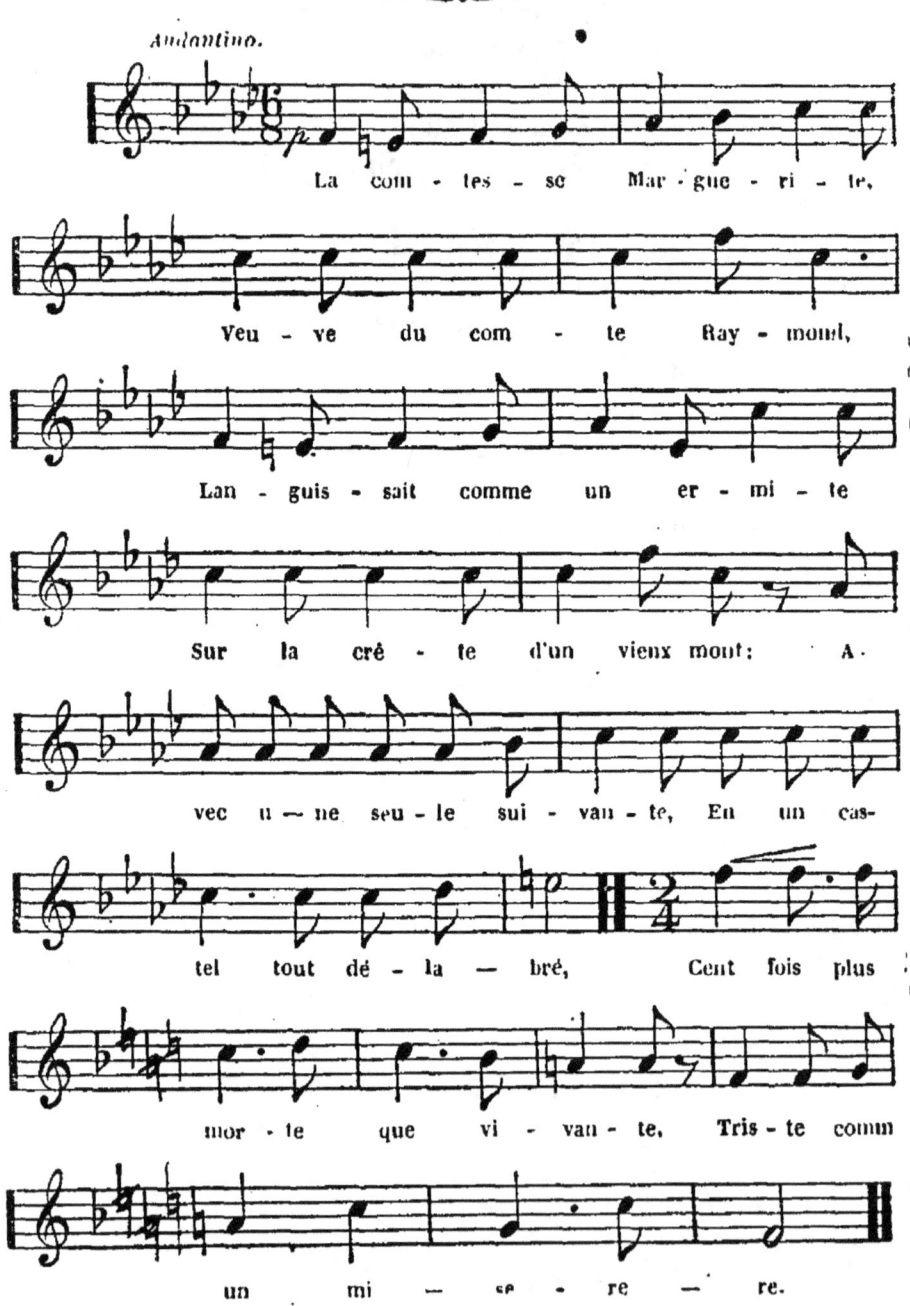

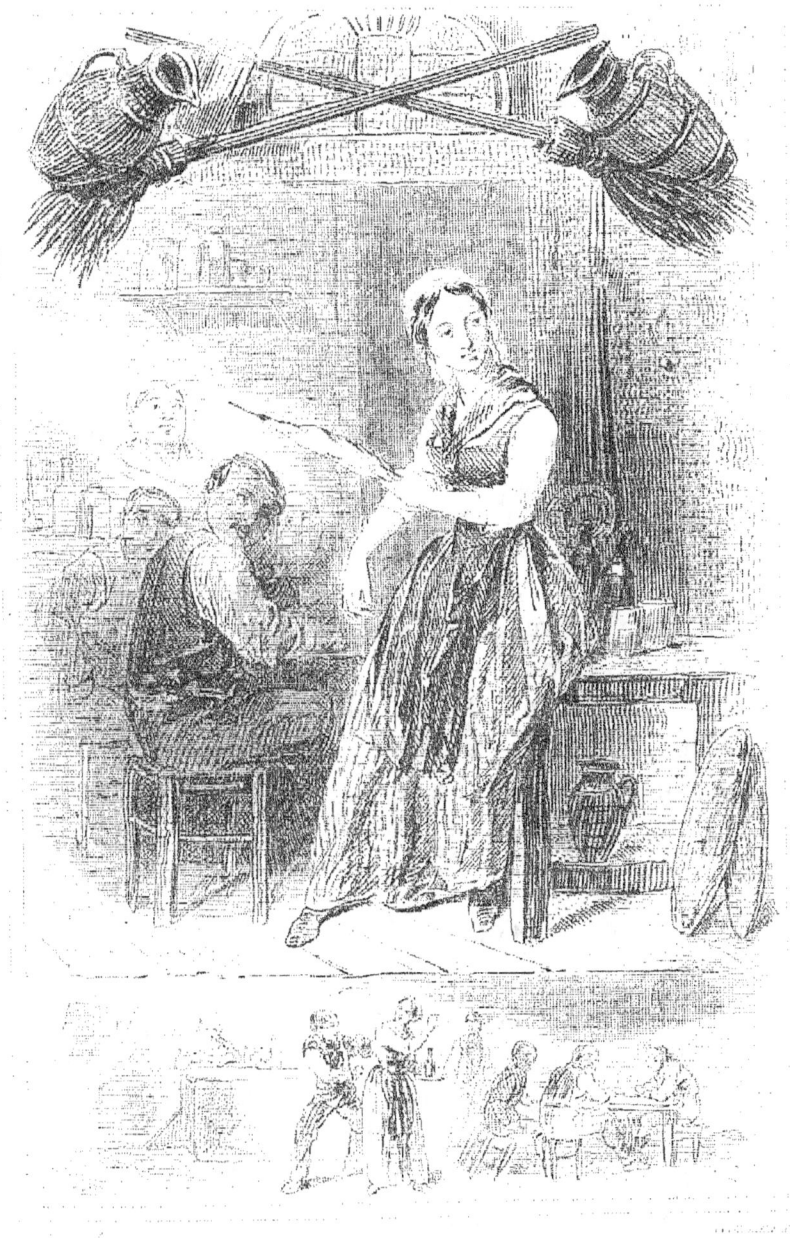

LA FILLE DU CABARET.

Fichu croisé, simple chemise
De toile rousse à grain serré,
Jupon rayé, voilà sa mise,
Et bonnet rond à peine ouvré.
Pendant que l'on boit elle file,
Elle fait chanter son rouet :
Et chacun vient voir à la file
    La fille du cabaret.

Dès le matin elle balaie
De la cave jusqu'au grenier ;
Le buveur qui la voit s'égaie
Comme au regard de son rosier.
Elle est gentille, elle est accorte ;
On boit le double de clairet
Quand c'est elle qui vous l'apporte,
    La fille du cabaret.

Tout buveur est son camarade
Jusqu'à deux doigts de son corset ;
Aussi volontiers qu'une œillade
Elle vous aligne un soufflet ;

Parfois son bras sert de béquille,
Maint vieillard sans elle choirait;
C'est qu'elle est une bonne fille,
  La fille du cabaret.

Sa mère, une grosse gaillarde,
A qui l'on sait plus d'un galant,
D'un clin d'œil en dessous la garde
Et surveille son corset blanc;
Franc buveur dit tout en goguette:
Craignez plutôt ce beau discret,
Qui voudrait tenir en cachette
  La fille du cabaret.

Rose, soyez modeste et sage,
N'imitez pas votre maman;
Respectez-la, car à son âge
On revient de l'égarement.
Croyez à son expérience;
On va plus loin qu'on ne voudrait,
Quand on est par droit de naissance
  La fille du cabaret.

Rose est modeste autant que belle,
Ne la voyez-vous pas rougir
Du moment qu'on a l'œil sur elle?
Bientôt son cœur pourra choisir,
Il faudrait un garçon qui gagne,
Un beau compagnon qui dirait:
Je vais emmener en campagne
  La fille du cabaret.

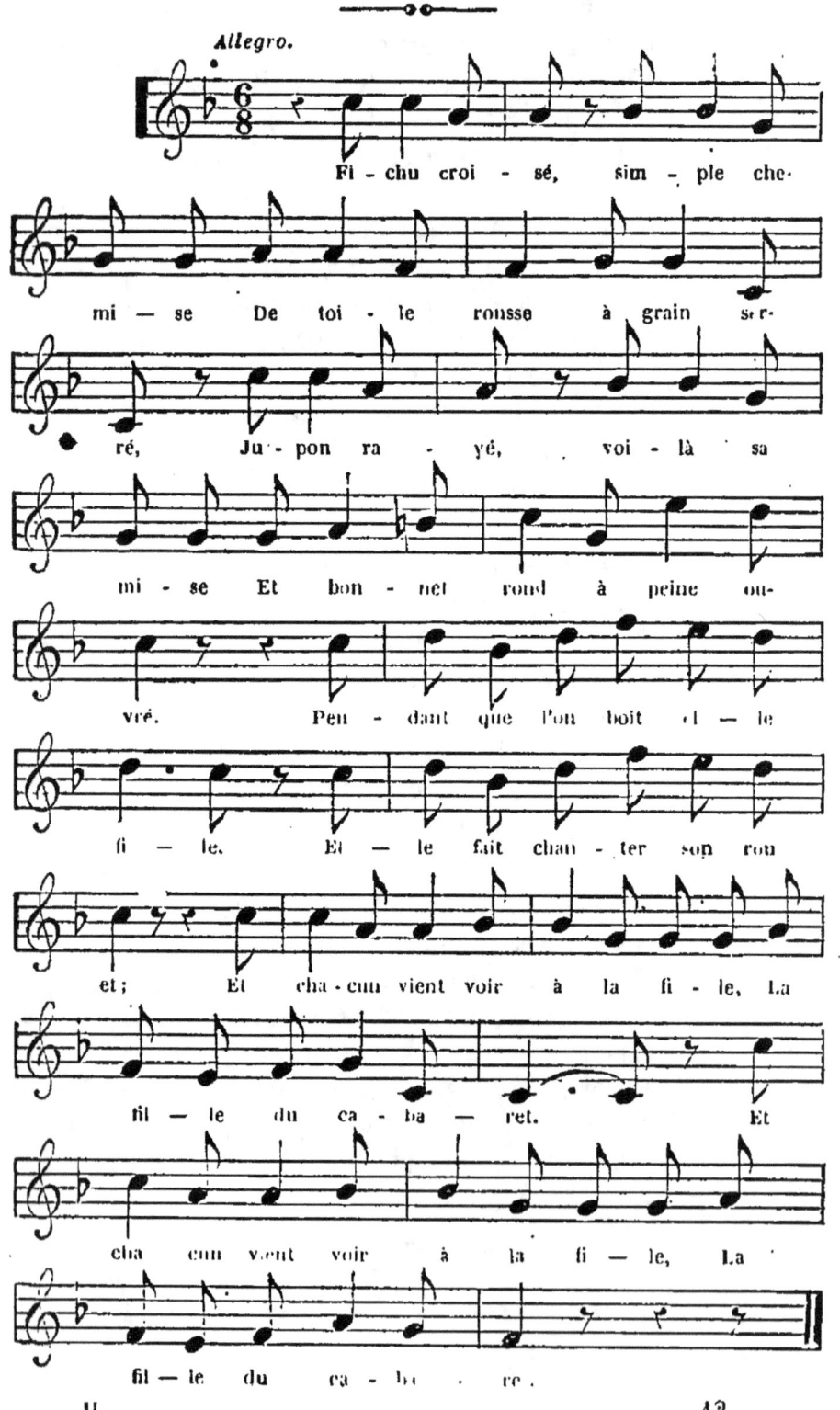

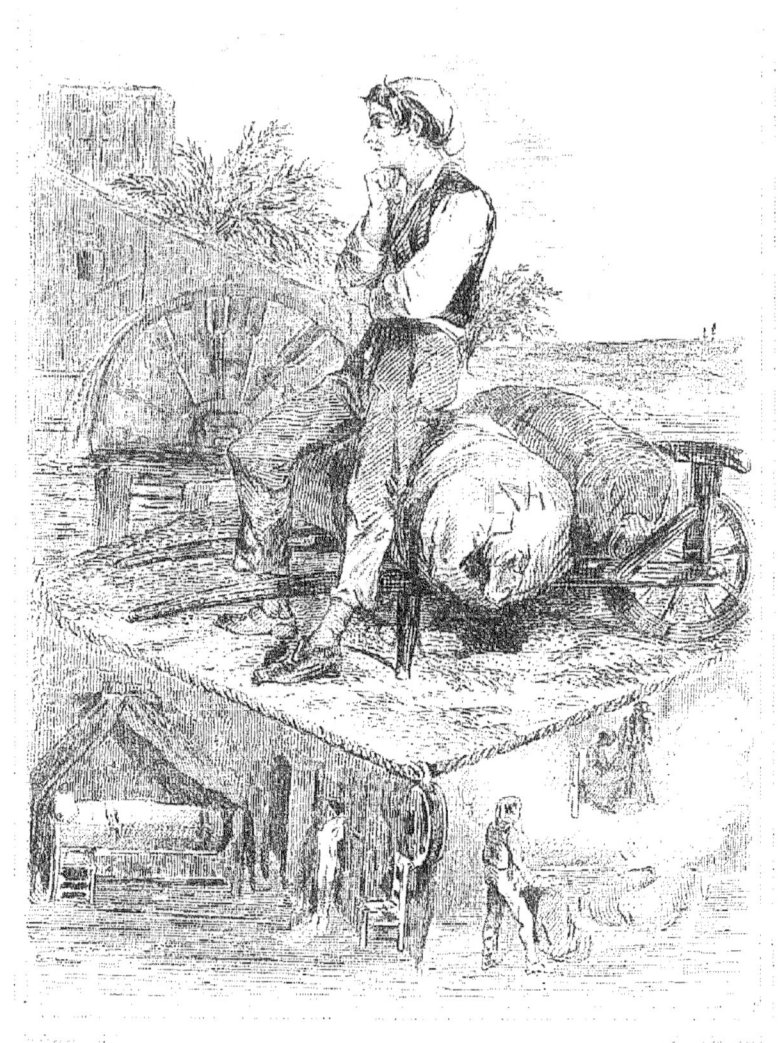

LE GARÇON DE MOULIN.

Tic tac, tic tac, j'ai de l'amour,
Tic tac, tic tac, pour plus d'un jour ;
Tra la la la, j'ai de l'amour,
Tic tac, tic tac, pour plus d'un jour.

Quand l'eau verte bat les palettes
De ma roue et les chasse en l'air,
Quand retombent en gouttelettes
Les flots de moire et d'argent clair ;
Je ne songe qu'à mon amie,
Elle est fine comme un bouleau ;
Ses yeux ont la couleur de l'eau,
Mais sa joue est un peu blêmie.

Tic tac, tic tac, j'ai de l'amour,
Tic tac, tic tac, pour plus d'un jour ;
Tra la la la, j'ai de l'amour,
Tic tac, tic tac, pour plus d'un jour.

Pendant que ma mie est à coudre
Et pique son joli doigt blanc,
Je regarde ma meule moudre,
Toujours tournant, grondant, roulant ;
Mon Dieu ! que l'eau du moulin gèle,
Si pendant que je veille au grain
Le cœur de quelque beau voisin
Allait faire tic tac chez elle.

Tic tac, tic tac, j'ai de l'amour,
Tic tac, tic tac, pour plus d'un jour ;
Tra la la la, j'ai de l'amour,
Tic tac, tic tac, pour plus d'un jour.

Si j'avais sur une rivière
Un joli moulin battant l'eau,
Dès demain j'aurais ma meunière
Installée en mon gai château ;
De soie et de toilette fine
Je la nipperais joliment ;
Quelques jours de bon traitement
Auraient bientôt rougi sa mine.

Tic tac, tic tac, j'ai de l'amour,
Tic, tac, tic tac, pour plus d'un jour ;
Tra la la la, j'ai de l'amour,
Tic tac, tic tac, pour plus d'un jour.

Elle aurait cent aunes de toile,
Autant qu'on en peut employer,
Une chaîne en or, un beau voile,
Une grande armoire en noyer,
Douze chaises de fine paille,
Un lit avec un baldaquin,
Il faut savoir user le gain
Et s'amuser quand on travaille.

Tic tac, tic tac, j'ai de l'amour,
Tic tac, tic tac, pour plus d'un jour ;
Tra la la la, j'ai de l'amour,
Tic tac, tic tac, pour plus d'un jour.

Puisqu'en travaillant je m'amuse,
Seulement pour les effrayer
Sur les poissons de mon écluse
Je traînerais mon épervier.

Ma meule en état, par semaine,
Plus de cent sacs de blé moudrait,
Et le malheureux trouverait
De beau pain blanc ma huche pleine.

Tic tac, tic tac, j'ai de l'amour,
Tic tac, tic tac, pour plus d'un jour ;
Tra la la la, j'ai de l'amour,
Tic tac, tic tac, pour plus d'un jour.

Jeannette aurait une couronne
De beaux enfants, dans quelque temps ;
Ainsi le cerisier boutonne,
Ainsi l'oiseau niche au printemps ;
Mais hélas ! au clair de la lune,
Comme chez Pierrot j'ai rêvé,
Mon père ne m'a pas trouvé
Sur le chemin de la fortune.

Tic tac, tic tac, j'ai de l'amour,
Tic tac, tic tac, pour plus d'un jour ;
Tra la la la, j'ai de l'amour,
Tic tac, tic tac, pour plus d'un jour.

Mon amour me tourne la tête,
Je sens que j'en deviendrai fou.
Quand même j'obtiendrais Jeannette,
Que peut-on faire sans un sou ?
Je veux trouver une machine
Pour scier d'un coup la moisson,
Ou pour changer un sac de son
En un sac de blanche farine.

Tic tac, tic tac, j'ai de l'amour,
Tic tac, tic tac, pour plus d'un jour ;
Tra la la la, j'ai de l'amour,
Tic tac, tic tac, pour plus d'un jour.

LE GARÇON DE MOULIN.

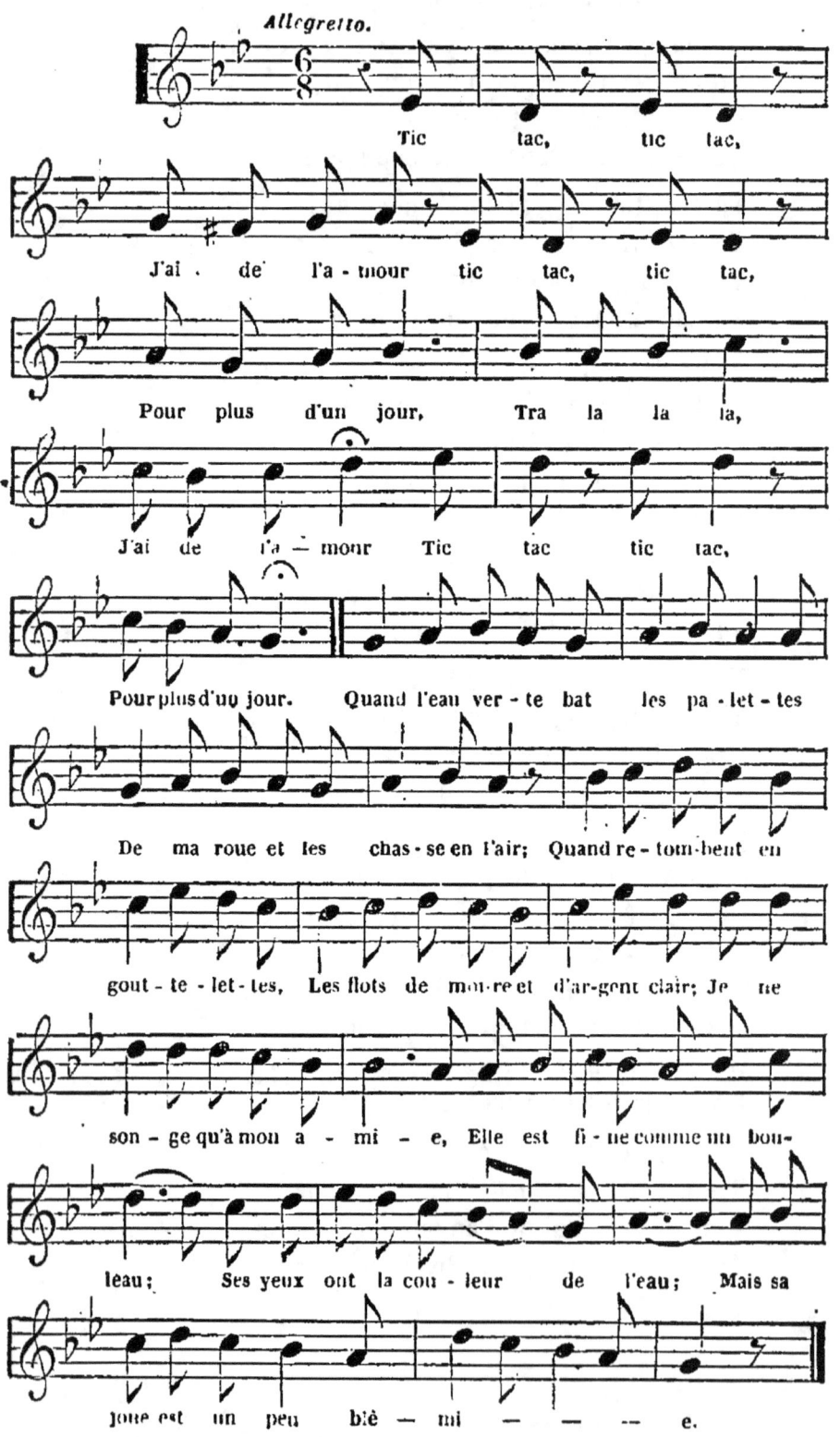

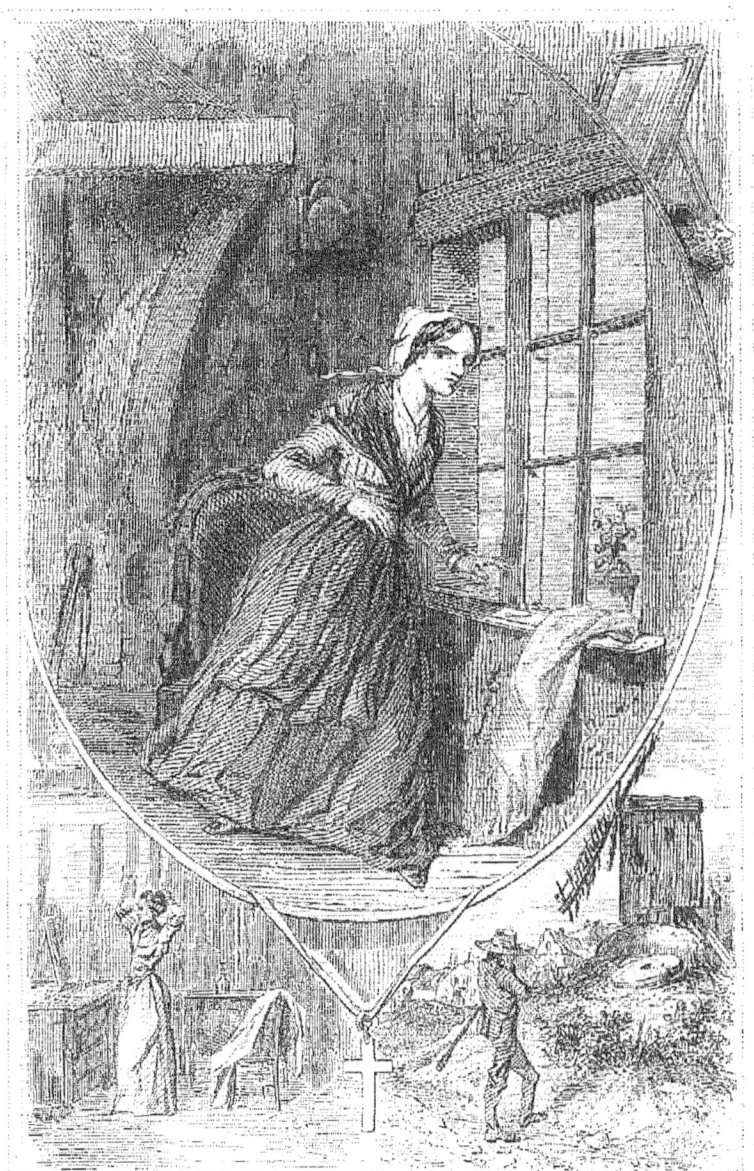

LA CHANSON DE JEANNETTE.

LA CHANSON DE JEANNETTE.

Sitôt que je me lève,
Je songe à mon ami ;
C'est la fin de mon rêve,
Car je rêvais de lui ;
C'est pour lui que je peigne
Et frise mes cheveux,
Et lorsqu'il me dédaigne
Il fait pleurer mes yeux.

Ah ! Dieu sait que je l'aime
Invariablement !
Et j'en suis toute blême
D'y penser seulement.

Pour lui seul je m'habille,
Propre comme un bijou,
Et c'est pour lui que brille
La croix d'or à mon cou ;
C'est pour lui que j'achète
De jolis tabliers,
Et que les jours de fête
Je mets de beaux souliers.

Ah ! Dieu sait que je l'aime
Invariablement !
Et j'en suis toute blême
D'y penser seulement.

Quoiqu'étant du village,
Il a si bon maintien,
Un si riant visage,
Un si bel entretien;
Sa main carrée et rousse
Au besoin vous défend;
Mais il a la voix douce
Et les yeux d'un enfant.

Ah! Dieu sait que je l'aime
Invariablement!
Et j'en suis toute blême
D'y penser seulement.

Que ne suis-je hirondelle,
Ou bien martin-pêcheur,
Pour guetter s'il m'appelle
Dans l'ombre et la fraîcheur!
Quand il rôde et s'arrête
Autour de son moulin,
Pense-t-il à Jeannette
Lorsque Jeannette est loin?

Ah! Dieu sait que je l'aime
Invariablement!
Et j'en suis toute blême
D'y penser seulement.

La preuve qu'il y pense,
C'est qu'il vient pour me voir
D'une grande distance,
Lorsque tombe le soir;
A l'heure qu'il s'échappe
Je le sens accourir;
Lorsqu'à ma vitre il frappe
Je manque d'en mourir.

Ah! Dieu sait que je l'aime
Invariablement!
Et j'en suis toute blême
D'y penser seulement.

En semaine à la lune,
Le dimanche au soleil,
Quelle bonne fortune,
Quel amour sans pareil!
Nous nous parlons ensemble
Sans rien dire souvent,
Sous la feuille qui tremble
Au caprice du vent.

Ah! Dieu sait que je l'aime
Invariablement!
Et j'en suis toute blême
D'y penser seulement.

Mais, hélas! la prière
Des pauvres amoureux
Sert autant qu'une pierre
Qui roule dans un creux;
Jeannette sur la route
S'en va loin du meunier,
Et le meunier sans doute
Commence à l'oublier.

Ah! Dieu sait que je l'aime
Invariablement!
Et j'en suis toute blême
D'y penser seulement.

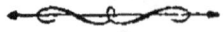

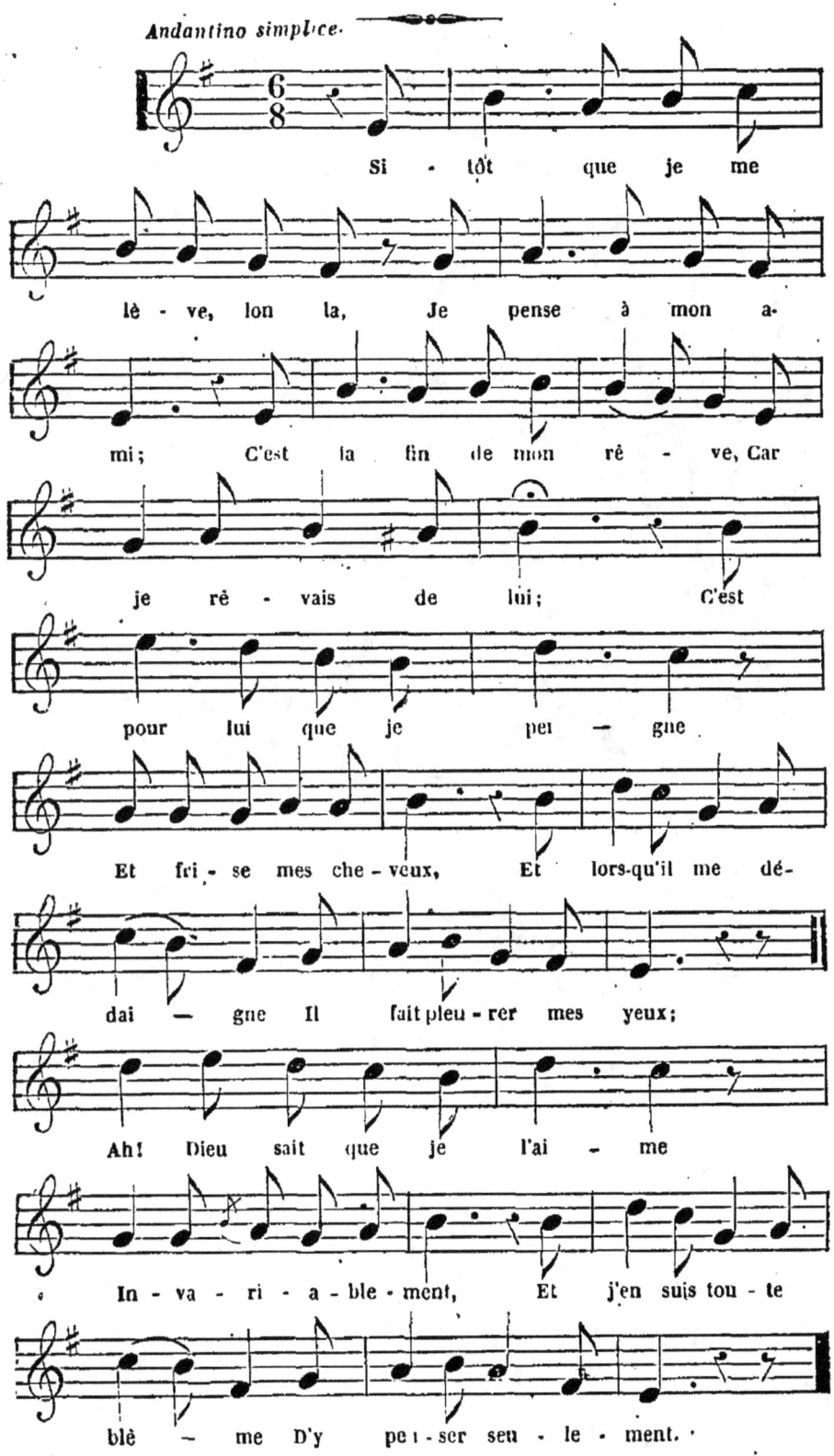

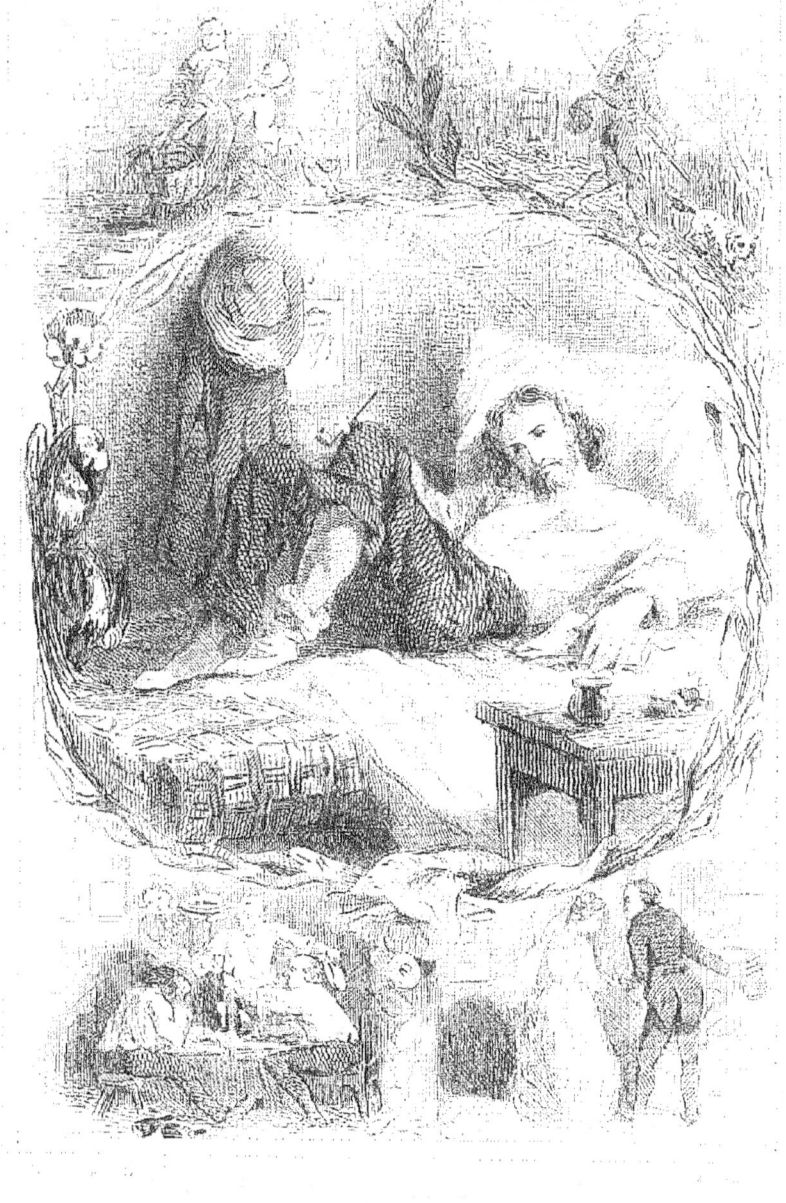

LE RÊVE QUE J'AI RÊVÉ.

1845.

Un jour, du prix de mes leçons
(Hélas! je n'enseigne personne)
Et du produit de mes chansons
(N'oubliez pas que je les donne),
Je veux acheter à Paris
Une maison d'un très bas prix
(Notez que les maisons sont chères),
Pour y loger les pauvres hères
Qui sont logés sur le pavé,
C'est un rêve que j'ai rêvé.

Un jour, le fusil sous le bras,
Je veux faire une bonne chasse,
Tuer tout gibier gros et gras
(Je n'ai jamais tué bécasse)
Et du prix de la venaison,
Je veux fonder une maison,
Une publique hôtellerie,
Où jour et nuit on boive, on rie,
D'où l'on parte le pied levé,
C'est un rêve que j'ai rêvé.

Je veux, si jamais je suis roi
(On a vu mieux, on a vu pire),
Octroyer un blanc palefroi
A tous les gueux de mon empire,
Dégrever mes sujets d'impôt,
Donner à tous la poule au pot,
Des dots aux pauvres demoiselles,
Comme aux veuves, laides ou belles,
Un époux neuf et tout trouvé,
C'est un rêve que j'ai rêvé.

Enfin, mon rêve le plus cher,
Passez-moi cette simple envie,
Serait de souffler sur l'enfer,
Qu'on fait brûler dans l'autre vie.
Je voudrais que le paradis
Ne fût pas un petit taudis,
Bon tout au plus pour cent personnes,
Qu'on en pût gagner les couronnes
Sans réciter toujours l'*Ave*,
C'est un rêve que j'ai rêvé.

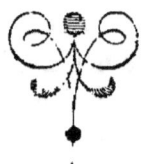

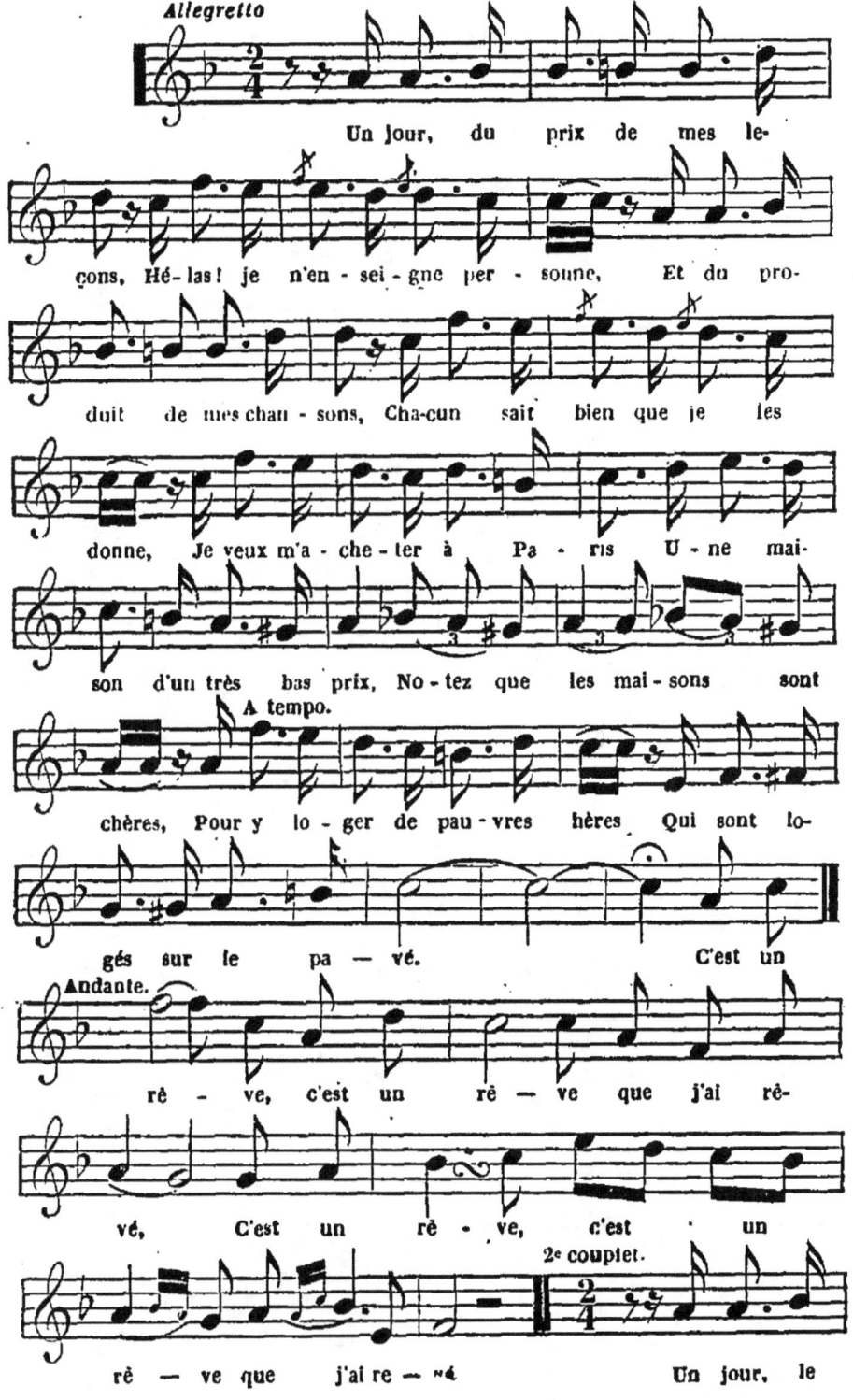

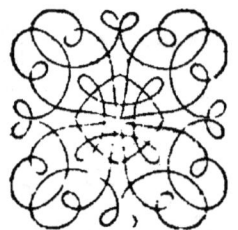

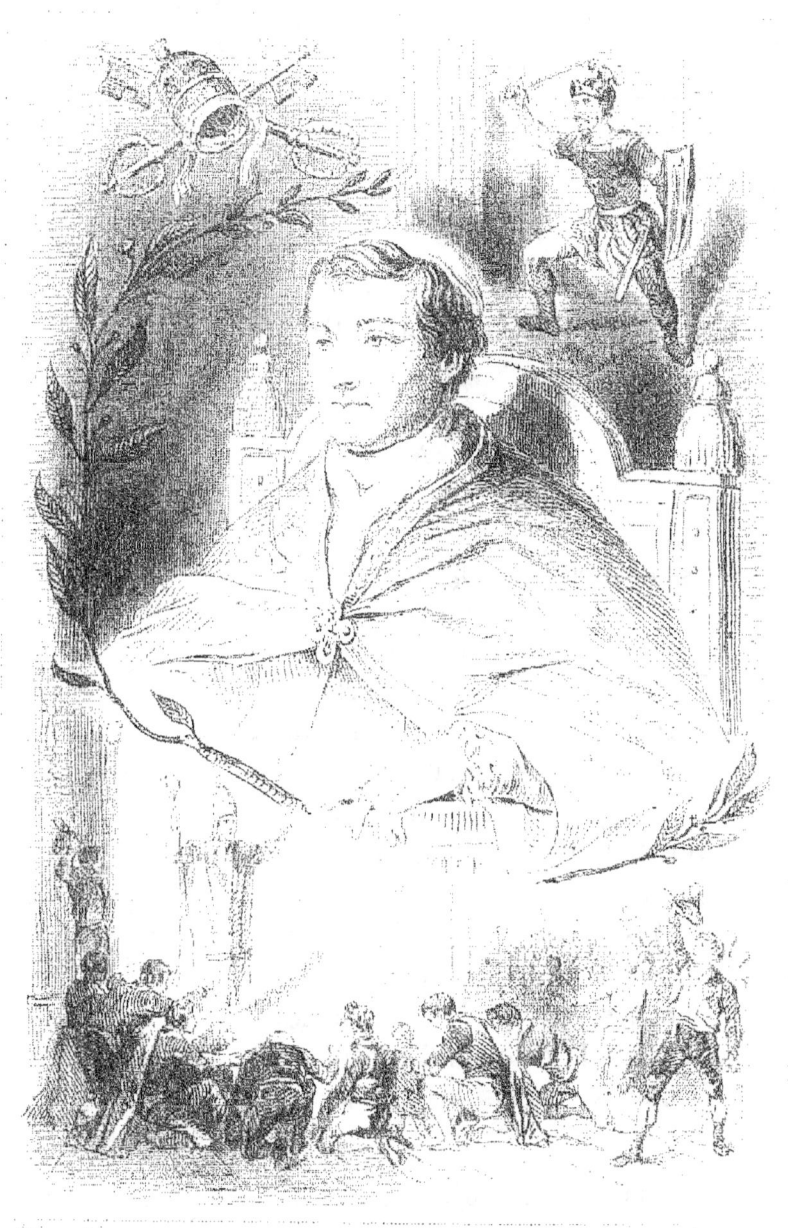

LA FRANCE A PIE IX.

1847.

La matrone des sept collines,
L'antique veuve des Césars,
Gisait, beau lis dans les épines,
Étrangère dans ses remparts,
Mordant les pierres de ses places,
Hurlant des lamentations :
Pie, à son rang tu la replaces
Sur le trône des nations.

  Pieux Saint-Père,
Le monde, qui se désespère,
Dans tes yeux cherche la clarté ;
Regarde-le pour qu'il prospère ;
Rends-lui, rends-lui la liberté.

Dès que le vote du conclave,
Par l'esprit céleste inspiré,
Met dans tes mains son peuple esclave,
Vive Pie! il est délivré.
La lumière se fait dans Rome.
Une ère nouvelle y fleurit.
Bravo! Pio nono! Grand homme,
Tu fais revivre Jésus-Christ!

Pieux Saint-Père,
Le monde, qui se désespère,
Dans tes yeux cherche la clarté ;
Regarde-le pour qu'il prospère ;
Rends-lui, rends-lui la liberté.

Blanche orpheline du Calvaire,
La liberté rit à l'amour,
Et la justice, moins sévère,
Montre sa balance au grand jour.
Mais, de tout temps, la foi punique
De Rome guetta les chemins...
Transteverin, prends la tunique
Et le casque des vieux Romains !

Pieux Saint-Père,
Le monde, qui se désespère,
Dans tes yeux cherche la clarté ;
Regarde-le pour qu'il prospère ;
Rends-lui, rends-lui la liberté.

Un soir le dôme de Saint-Pierre
Baignait de sa vive lueur
Les Romains et la ville entière
Courbés sous l'anneau du pêcheur...
Sous tes pieds couvait la tempête :
Dans l'ombre des poignards ont lui,
Et l'aigle noir à double tête
Hors de son aire pousse un cri.

Pieux Saint-Père,
Le monde, qui se désespère,
Dans tes yeux cherche la clarté ;
Regarde-le pour qu'il prospère ;
Rends-lui, rends-lui la liberté.

Où tend cette menace impie?
Le vicaire du Christ est là!
Comme a fait Léon, notre Pie
Repousserait un Attila.
Sur ta mule blanche, en étole,
Tiare au front, labarum en main,
Tu descendrais du Capitole,
Entraînant tout dans ton chemin.

  Pieux Saint-Père,
Le monde, qui se désespère,
Dans tes yeux cherche la clarté;
Regarde-le pour qu'il prospère;
Rends-lui, rends-lui la liberté.

A ta voix, l'Italie antique
Une et libre s'élancerait :
D'Albion et de l'Amérique
Un secours ailé volerait;
La jeune Allemagne, qui rêve,
En glaive allongerait ses fers;
Israël, que ta main relève,
T'enverrait l'or de l'univers.

  Pieux Saint-Père,
Le monde, qui se désespère,
Dans tes yeux cherche la clarté;
Regarde-le pour qu'il prospère;
Rends-lui, rends-lui la liberté.

Et notre France!... ta parole,
Sans bras armés a tout calmé :

Une pacifique auréole
Entoure ton front bien-aimé.
Désormais l'Italie est libre ;
Mais que d'enfants captifs ailleurs !
Combien ta paternelle fibre
Doit tressaillir de leurs douleurs !

 Pieux Saint-Père,
Le monde, qui se désespère,
Dans tes yeux cherche la clarté ;
Regarde-le pour qu'il prospère ;
Rends-lui, rends-lui la liberté.

Veux-tu commencer la croisade ?
Des Apennins entends l'écho
Rouler encor la fusillade
Et le canon de Marengo !
Des vieilles tombes féodales
Où l'on veut nous ensevelir,
Nos jeunes preux brisant les dalles,
Sauraient encor vaincre ou mourir.

 Pieux Saint-Père,
Le monde, qui se désespère,
Dans tes yeux cherche la clarté ;
Regarde-le pour qu'il prospère ;
Rends-lui, rends-lui la liberté.

LA FRANCE A PIE IX.

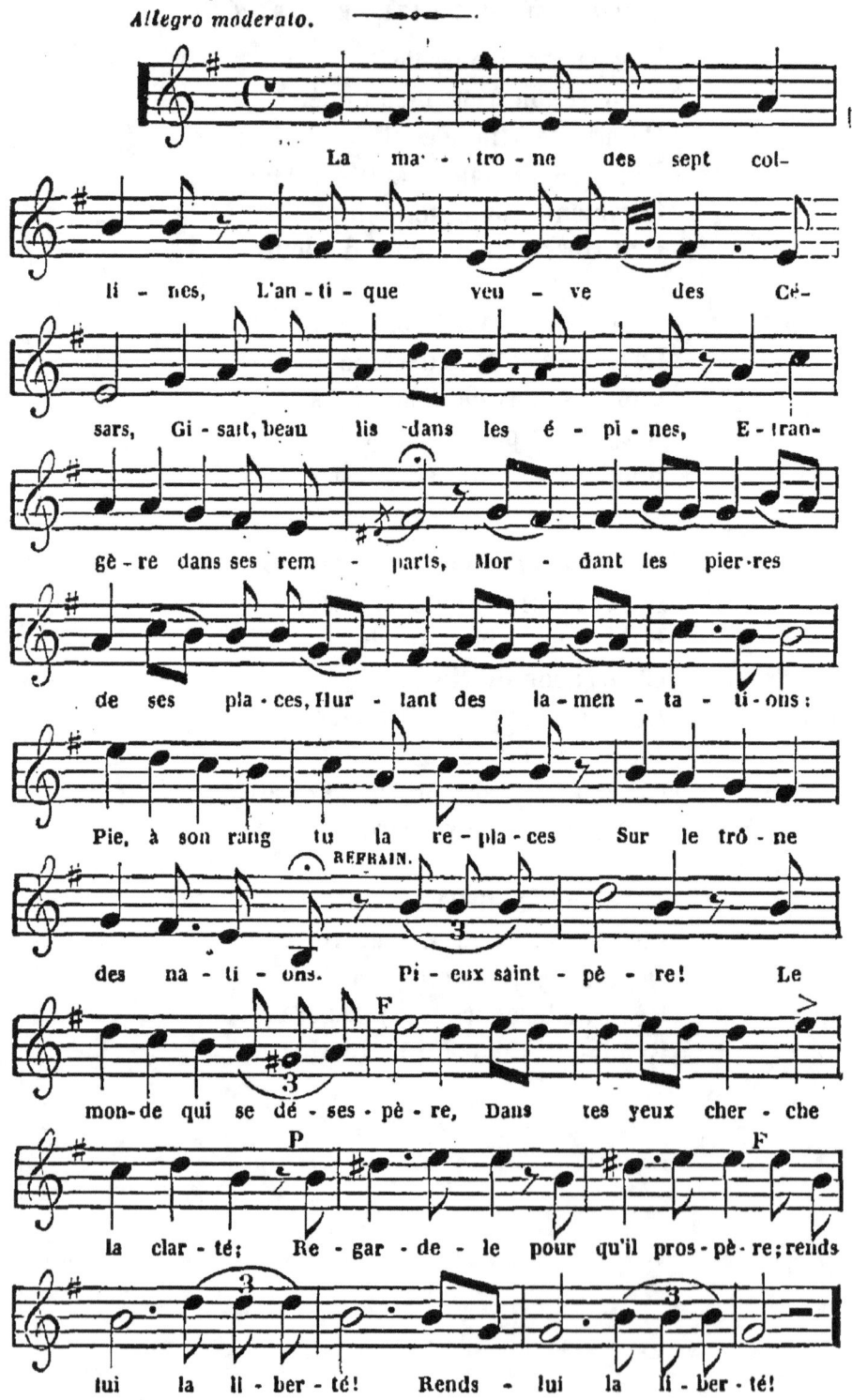

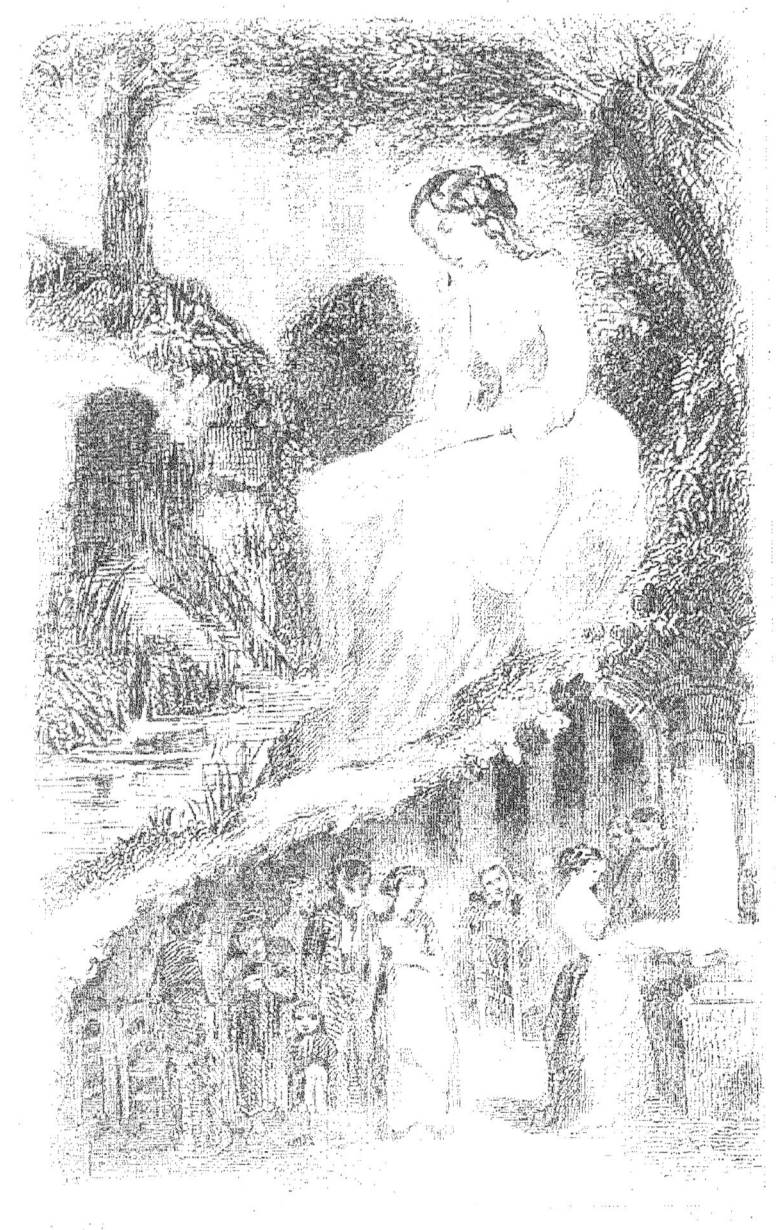

CASTA.

Avez-vous rencontré
Dans un bois, dans un pré,
Au bord d'une fontaine
Une vierge sereine
Qui ne regarde pas
Ceux qui suivent ses pas ?

C'est Casta! de qui la paupière
   Voile toujours l'œil bleu ;
C'est Casta qui jusqu'à Dieu
   Fait monter sa prière.

O vous tous allez voir
Le matin et le soir
Cet ange dans l'église ;
Voyez la foule éprise
Entourer de ses flots
Ce lis à peine éclos.

C'est Casta! de qui la paupière
   Voile toujours l'œil bleu ;
C'est Casta qui jusqu'à Dieu
   Fait monter sa prière.

Ses longs cheveux tressés,
Ses yeux quoique baissés,
Sa candeur et sa grâce
Attirent sur sa trace
Plus d'un adolescent,
Qui s'arrête en pensant :

C'est Casta! de qui la paupière
Voile toujours l'œil bleu
C'est Casta qui jusqu'à Dieu
Fait monter sa prière.

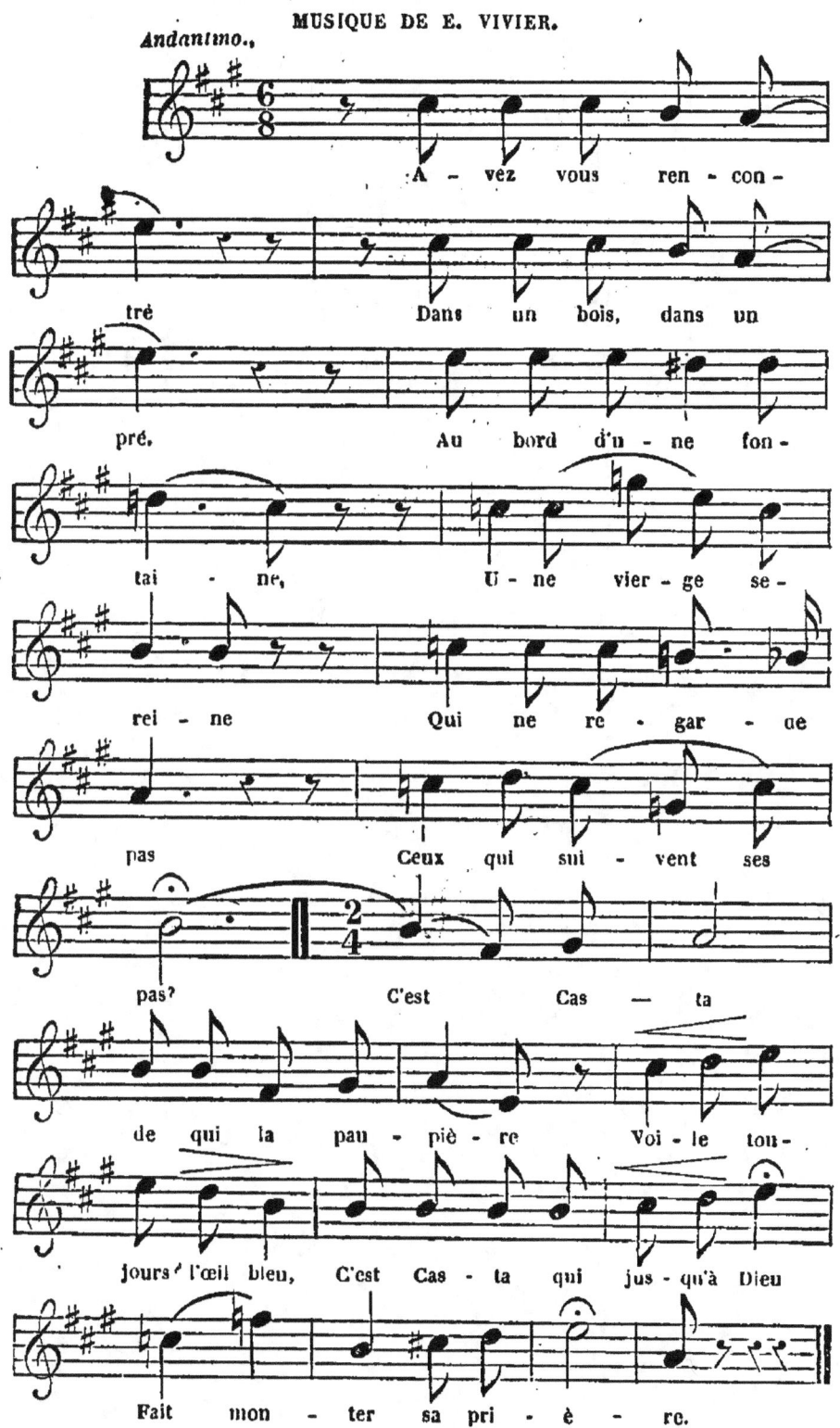

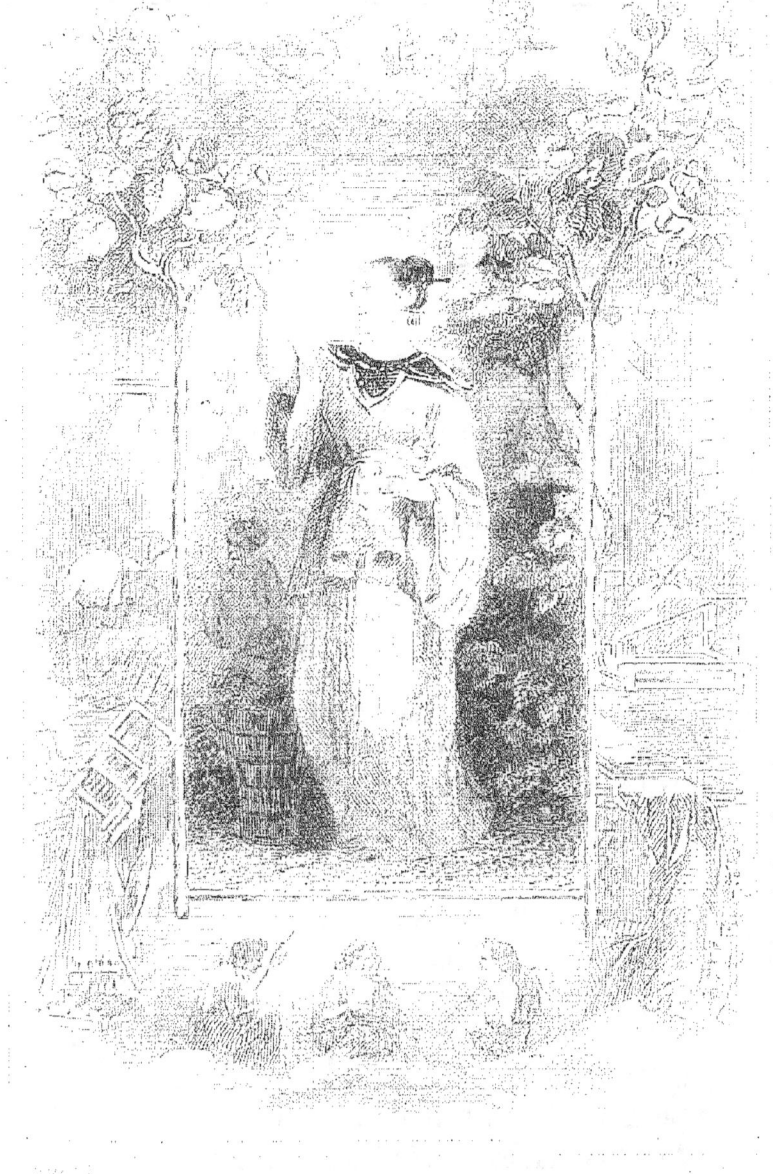

LA SOIE.

C'est du pays bleu de la Chine,
Contrée où fleurit l'inconnu
Et plus d'une plante divine,
Que le mûrier blanc est venu.
Sa feuille est soyeuse et fertile,
Le ver à soie, en la rongeant,
A son insu dévide et file
Un écheveau d'or et d'argent.

Filez moulins, glissez navettes,
Tissez le satin, le velours ;
Faites des robes de toilettes,
Faites des nids à nos amours.

Les plus célèbres filandières,
Les Parques, Minerve, Arachné,
Ont brisé fuseaux et filières,
Lorsque le ver à soie est né.
On peut comparer la finesse
De son linceul, brillant réseau,
Aux fils blancs que la Vierge laisse
S'éparpiller de son fuseau.

Filez moulins, glissez navettes,
Tissez le satin, le velours ;
Faites des robes de toilettes,
Faites des nids à nos amours.

L'an deux mille, une fée en Chine,
Surnommée esprit du mûrier,
De ses jardins fit une usine,
Du ver à soie un ouvrier,
Un beau jour, la France l'accueille,
Et, dardant son plus chaud rayon,
Du mûrier fait pousser la feuille,
La soie est tissée à Lyon.

Filez moulins, glissez navettes,
Tissez le satin, le velours ;
Faites des robes de toilettes,
Faites des nids à nos amours.

La soie au courant bleu du Rhône
Se trempe aussi bien que le fer ;
Voyez luire le satin jaune,
Le rose ou blanc, le bleu, le vert :
Quand une fille ou blanche ou noire
Danse dans l'éclat du satin,
Dans le velours ou dans la moire,
C'est comme un rayon du matin.

Filez moulins, glissez navettes,
Tissez le satin, le velours ;
Faites des robes de toilettes,
Faites des nids à nos amours.

Que de métiers ! que de bobines !
Que de travaux et d'œuvres d'art !
Quel essor donnent aux machines
Vaucanson et l'humble Jacquart !
Quand l'insecte a fini sa tâche,
Des milliers de doigts sont en jeu,
Les fils sont croisés sans relâche,
L'homme achève l'œuvre de Dieu.

Filez moulins, glissez navettes,
Tissez le satin, le velours;
Faites des robes de toilettes,
Faites des nids à nos amours.

Dans ce labyrinthe des fées,
L'esprit émerveillé se perd.
Mais combien d'âmes étouffées
Dans ce travail, comme le ver!
J'entendais une jeune fille
Dire en pleurant sur son fuseau :
« Je suis comme l'humble chenille,
« Et je file aussi mon tombeau. »

Filez moulins, glissez navettes,
Tissez le satin, le velours;
Faites des robes de toilettes,
Faites des nids à nos amours.

A vos fuseaux, chantez fileuses,
Chante canut à ton métier,
Car vos heures laborieuses
Fleuriront comme l'églantier.
Voilà votre tour qui s'avance :
Voyez le bal étincelant
Où chaque épousée entre en danse,
En beaux habits de satin blanc.

Filez moulins, glissez navettes,
Tissez le satin, le velours :
Faites des robes de toilettes,
Faites des nids à nos amours.

LA CHANSON DE LA SOIE.

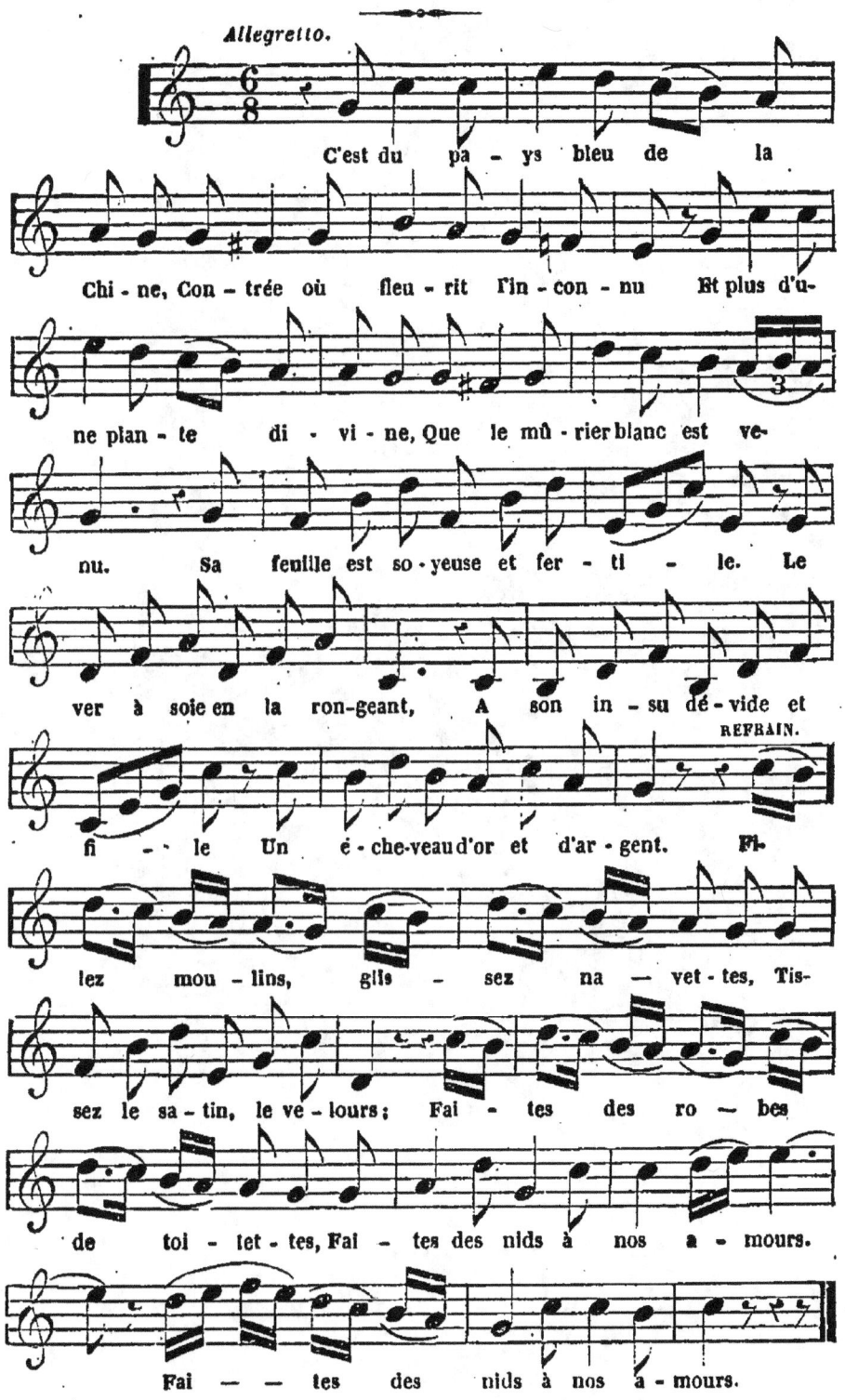

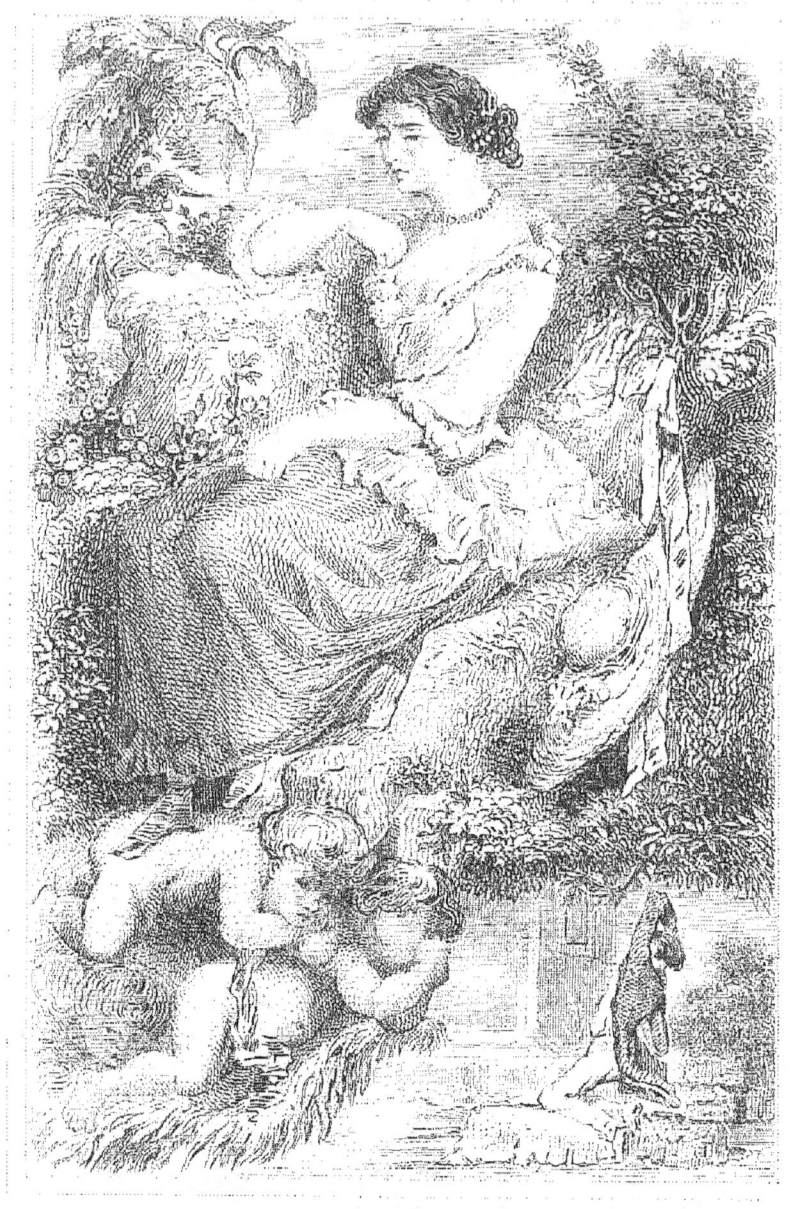

RÉGINA.

J'avais un cœur pour chaque femme,
Plus d'une duchesse à plaisir
Venait se brûler à ma flamme;
Alors je n'avais qu'à choisir.
 Mais Régina la brune
  Un jour passa,
 Et mon cœur se fixa,
 Je n'en aimai plus qu'une,
  Que Régina,
 Dont l'amour me damna;
 Cruelle Régina !

La jeunesse rieuse et folle
Ne la regardait qu'en tremblant;
Vit-on jamais une créole
A l'œil plus noir et plus brûlant,
 Qui sût dans sa parure
  Marier mieux,
 Pour prendre tous les yeux,
 La soie et la dorure,
  Que Régina,
 Dont l'amour me damna;
 Cruelle Régina!

L'un aimait sa jambe ou sa taille,
L'autre exprimait tout bas le vœu
De prendre à son chapeau de paille
La frange de son ruban bleu.
    On aimait sa paupière
       Ses cheveux bruns,
    Ses bagues, ses parfums;
    Je t'aimai tout entière,
       O Régina!
    Dont l'amour me damna;
    Cruelle Régina!

Son regard semblait me promettre
Qu'un jour finiraient mes douleurs.
Pendant six mois, sous sa fenêtre,
Des froides nuits j'ai bu les pleurs.
    Jadis à de beaux anges
       Je promettais
    Comme elle, et je mentais :
    Régina, tu les venges;
       O Régina!
    Dont l'amour me damna;
    Cruelle Régina!

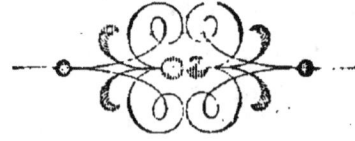

RÉGINA.

MUSIQUE DE E. VIVIER.

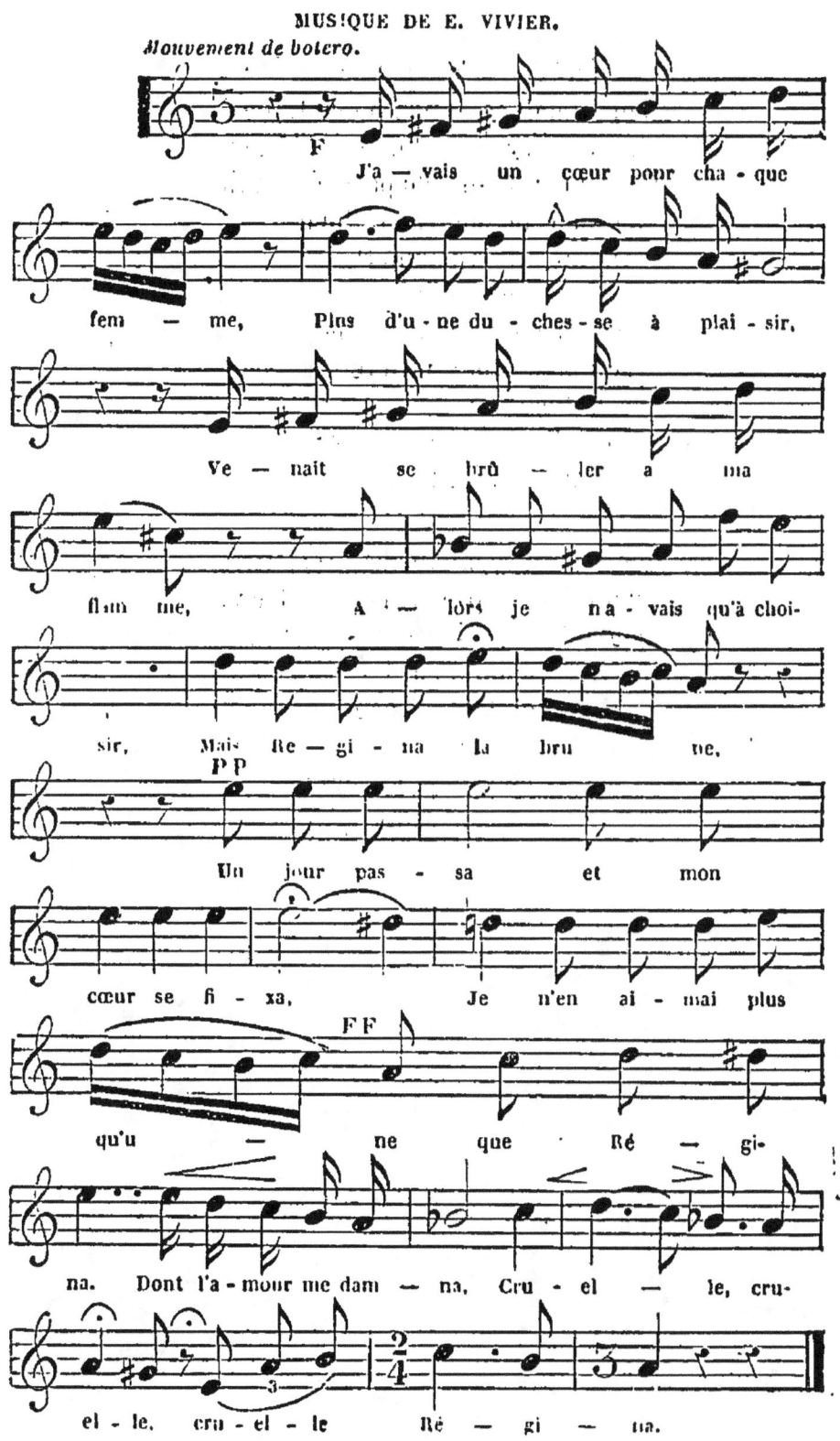

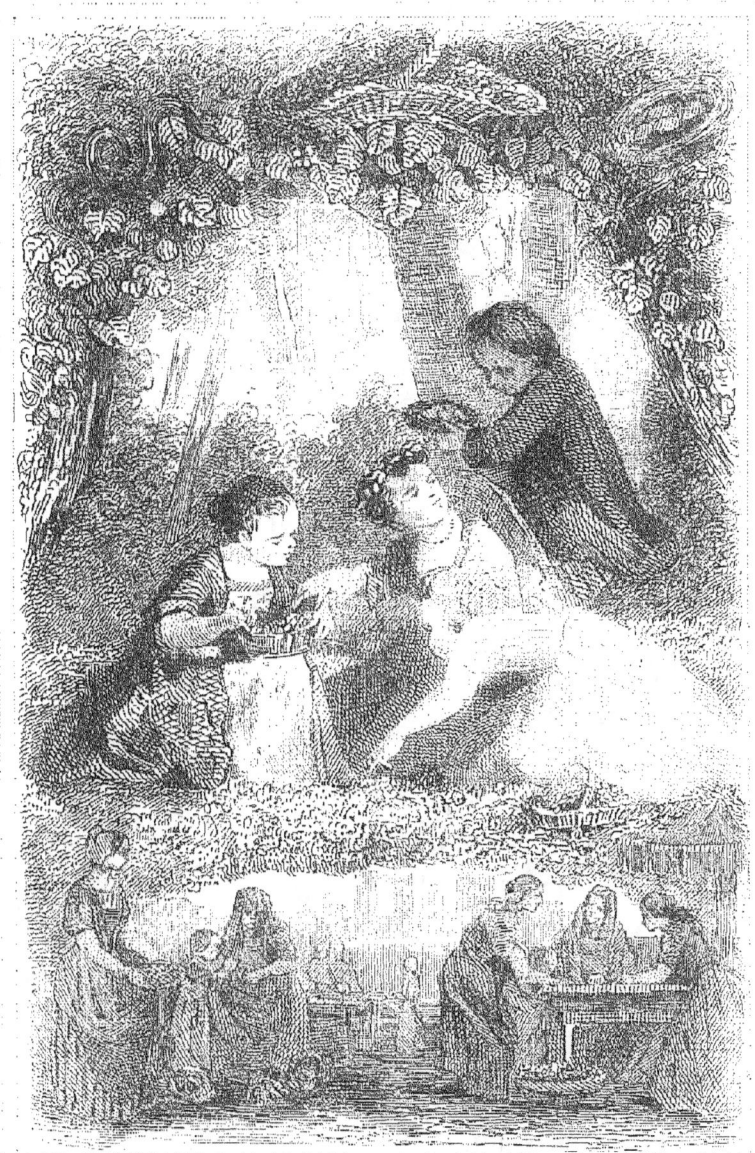

LES FRAISES DES BOIS.

Quand de juin s'éveille le mois,
Allez voir les fraises des bois
Qui rougissent dans la verdure,
Plus rouges que le vif corail
Balançant comme un éventail
Leur feuille à triple découpure.

Qui veut des fraises du bois joli ?
En voici mon panier tout rempli,
   De fraises du bois joli !

Rouge au dehors, blanche en dedans,
Comme les lèvres sur les dents,
La fraise épand sa douce haleine
Qui tient de l'ambre et du rosier ;
Quand elle monte du fraisier,
On sait que la fraise est prochaine.

Qui veut des fraises du bois joli ?
En voici mon panier tout rempli,
   De fraises du bois joli !

O fraise ! un poëte latin
T'aurait fait mûrir sur le sein

De Vénus ou de sa maîtresse ;
Je te préfère où tu te plais,
A l'ombre où les rossignolets
Modulent sans fin leur tendresse.

Qui veut des fraises du bois joli ?
En voici mon panier tout rempli,
   De fraises du bois joli !

Hélas ! n'entends-je pas venir
Un essaim qui vient vous cueillir ?
Petits garçons, petites filles ;
Ils pillent fraises, fleurs et nids,
Sans craindre les serpents tapis,
Ni les guêpes, ni les chenilles.

Qui veut des fraises du bois joli ?
En voici mon panier tout rempli,
   De fraises du bois joli !

Dans l'écorce du coudrier
Serrez les filles du fraisier,
Qu'elles ne voient plus la lumière !
A la halle pour quelques sous,
Avec les panais et les choux,
On va les vendre à la fruitière.

Qui veut des fraises du bois joli ?
En voici mon panier tout rempli,
   De fraises du bois joli !

La fontaine des Innocents
Voit la nuit, parmi les passants,

Dormir plus d'une paysanne
A qui son bras sert d'oreiller ;
La lune garde son panier,
La lune blonde et diaphane.

Qui veut des fraises du bois joli ?
En voici mon panier tout rempli,
  De fraises du bois joli !

La belle aurait pu sans souci
Manger ses fraises loin d'ici,
Au bord d'une verte fontaine,
Avec un joyeux moissonneur
Qui l'aurait prise sur son cœur ;
Elle aurait eu bien moins de peine.

Qui veut des fraises du bois joli ?
En voici mon panier tout rempli,
  De fraises du bois joli !

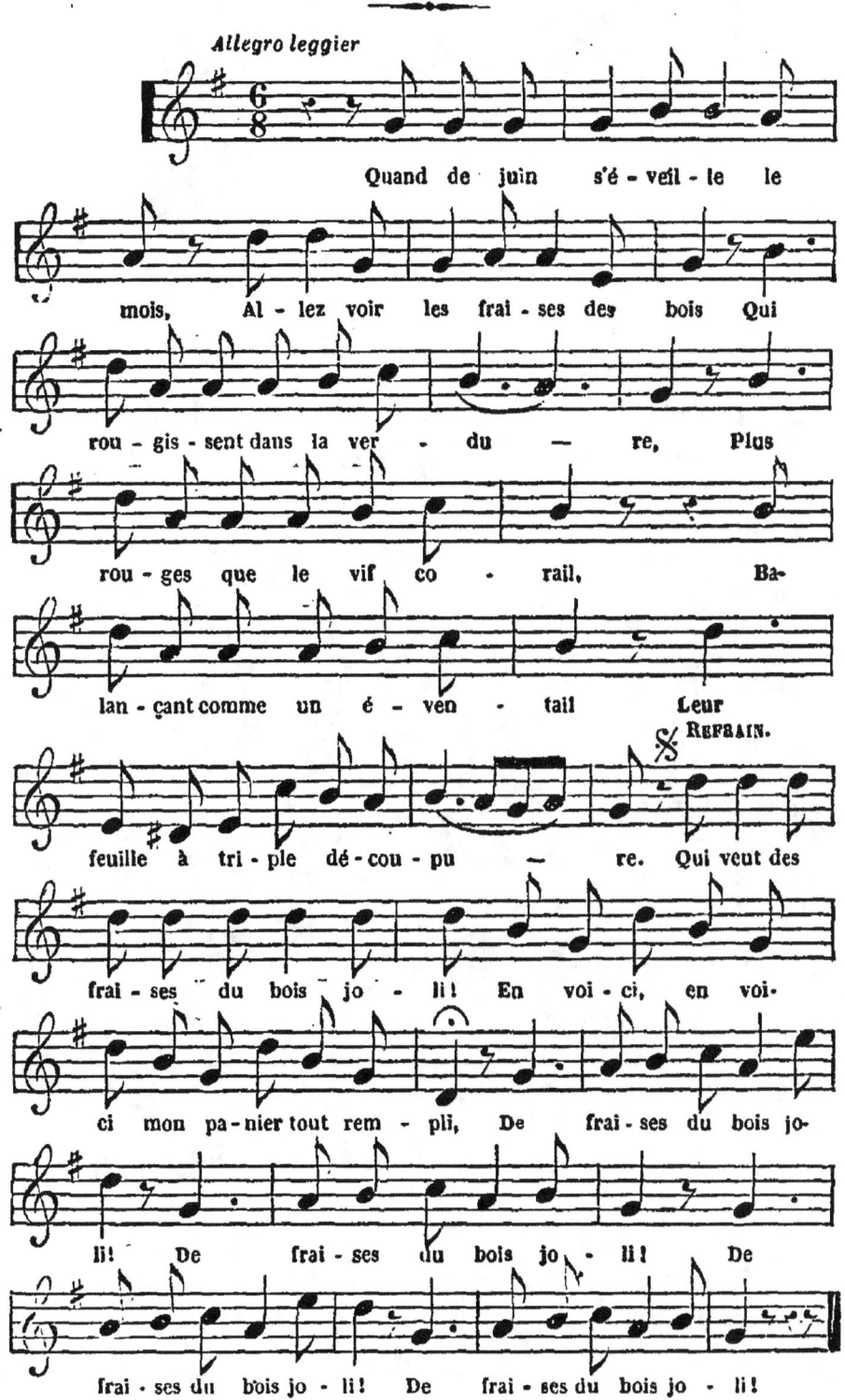

LES FRAISES DES BOIS.

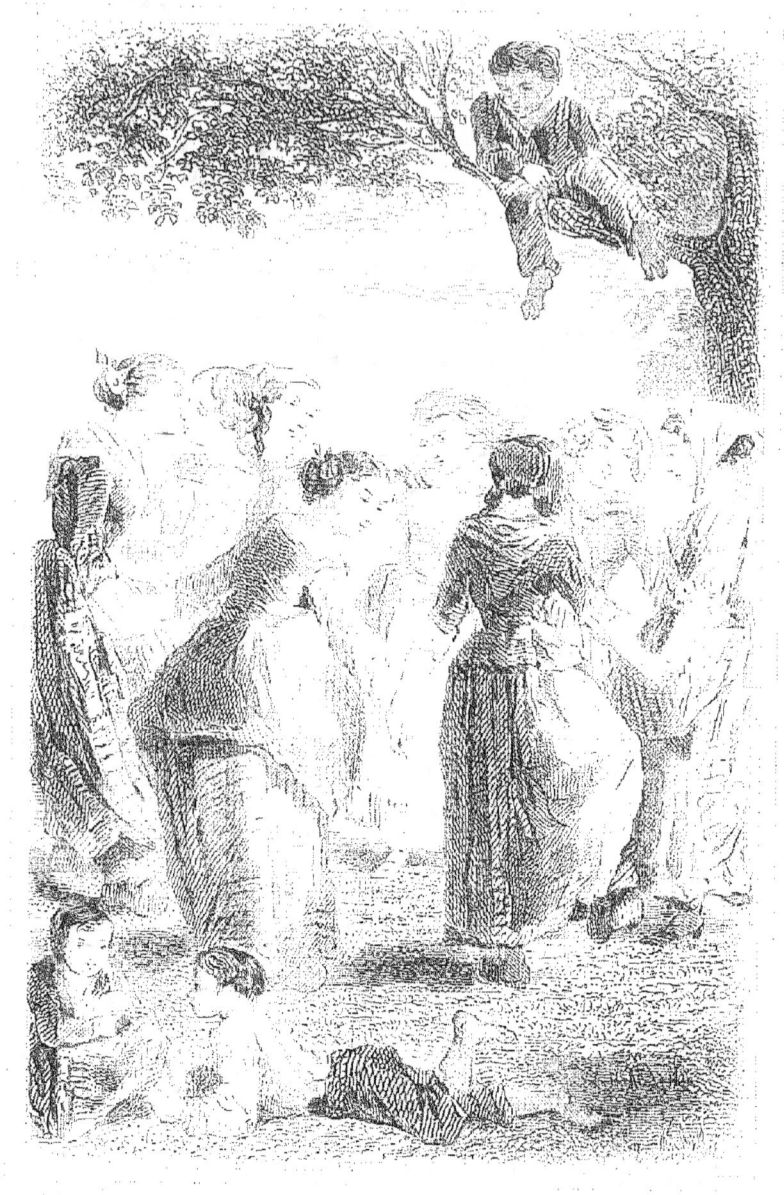

LA RONDE DES PAYSANNES.

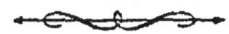

Sur le pré, la brune et la blonde,
Menons la ronde, allons bon train :
Que le bruit des sabots réponde
Et marque le pas au refrain !

 Chaque fille qui passe
 Demande qu'on l'embrasse :
Celle que l'on embrassera
A la ronde, reine sera ;
D'églantine on la fleurira.
 La première qui passe
 Demande qu'on l'embrasse :
Belle, tu reviendras demain ;
Va mendier, tendre la main,
Demande un baiser en chemin.

Sur le pré, la brune et la blonde,
Menons la ronde, allons bon train :
Que le bruit des sabots réponde
Et marque le pas au refrain !

 La seconde qui passe,
 Une fois on l'embrasse
Du bout des lèvres seulement ;
Elle a pourtant minois charmant,

Mais c'est un visage qui ment.
　La troisième qui passe,
　A deux fois on l'embrasse :
Elle est belle, mais ses yeux doux
Qui vous regardent en dessous
Égratignent comme le houx.

Sur le pré, la brune et la blonde,
Menons la ronde, allons bon train :
Que le bruit des sabots réponde
Et marque le pas au refrain !

　La quatrième passe :
　C'est la beauté, la grâce
Et la faiblesse en même temps :
Fleur du pêcher, attends, attends,
L'amour gèlerait ton printemps.
　Quand la cinquième passe,
　On sent un froid de glace ;
Elle est bien belle, en vérité :
Elle a du lis blanc la beauté,
Mais du paon doré la fierté.

Sur le pré, la brune et la blonde,
Menons la ronde, allons bon train :
Que le bruit des sabots réponde
Et marque le pas au refrain !

　Plus d'une à son tour passe
　Que l'une ou l'autre embrasse ;
Comme entre mille, chaque fleur
A son parfum, a sa couleur,
Chaque fillette a sa valeur.

A la fin Jeanne passe !
Tout le monde l'embrasse ;
Sa beauté simple et sans apprêt,
Comme la fleur du blanc muguet
Ou la voix du chardonneret.

Cueillons l'églantine à la ronde ;
Jeanne est reine, il faut de l'entrain.
Que le bruit des baisers réponde
Et marque le pas au refrain !

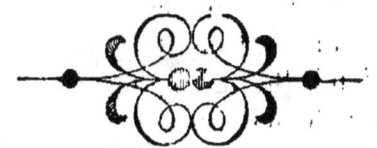

LA RONDE DES PAYSANNES.

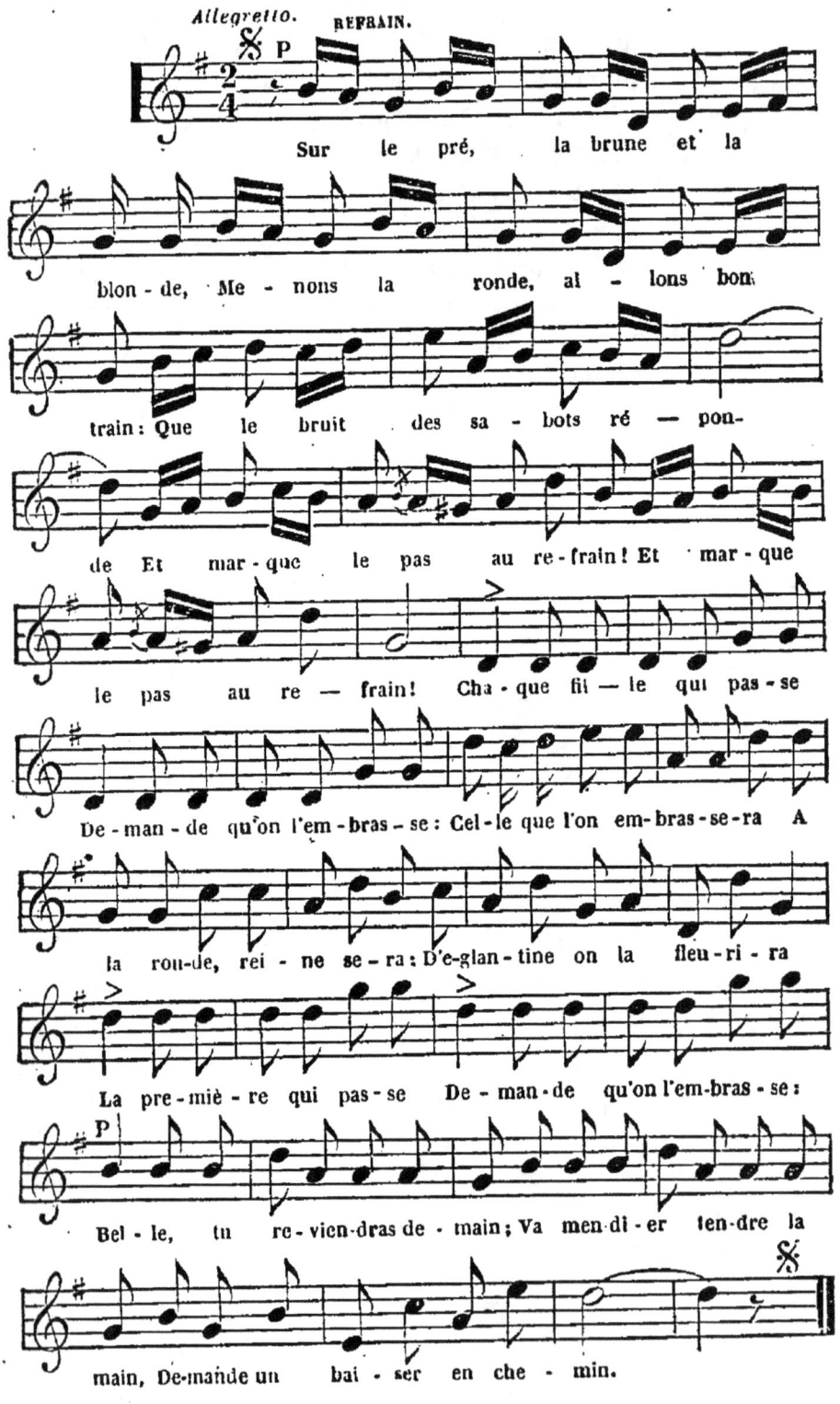

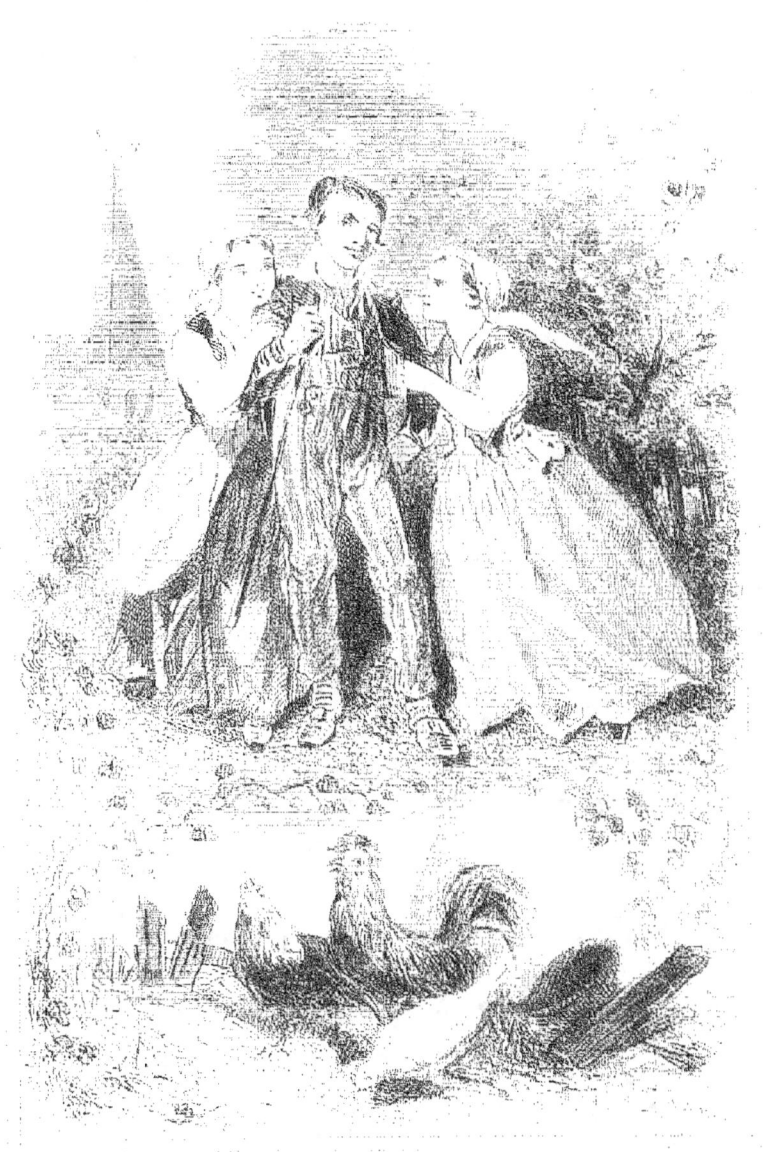

LE COQ DE VILLAGE.

Mon gosier clair, mon clair plumage
Font du bruit dans le voisinage,
Je suis le coq de mon village.

Quand, sur mes deux ergots planté,
Je chante clair, la poule guette :
Elle coquette et la coquette
Ferme son œil tout velouté.

Mon gosier clair, mon clair plumage
Font du bruit dans le voisinage,
Je suis le coq de mon village.

Filles et femmes d'alentour
Viennent me raconter leurs peines,
Rousses, blondes, brunes, chataines ;
Elles s'arrachent mon amour.

Mon gosier clair, mon clair plumage
Font du bruit dans le voisinage,
Je suis le coq de mon village.

Jeanne, Marianne, Marton,
Goton, sont toujours à m'attendre;
J'en ai peur, et pour me défendre
Je sors armé d'un gros bâton.

Mon gosier clair, mon clair plumage
Font du bruit dans le voisinage,
Je suis le coq de mon village.

Cependant quelquefois je ris
Et, par ci par là, j'en aime une,
Pas en plein jour, au clair de lune :
A minuit tous les chats sont gris.

Mon gosier clair, mon clair plumage
Font du bruit dans le voisinage,
Je suis le coq de mon village.

A minuit, au fin fond d'un bois,
La belle en pleurs se désespère
Le petit n'aura pas de père ;
Belle, repasse dans neuf mois.

Mon gosier clair, mon clair plumage
Font du bruit dans le voisinage,
Je suis le coq de mon village.

Le poulailler s'est alarmé,
Le sérail dans l'ombre conspire,
On veut me plumer, et pour rire,
Me faire courir tout plumé.

Mon gosier clair, mon clair plumage
Font du bruit dans le voisinage,
Je suis le coq de mon village.

Qui donc osera me toucher ?
J'ai mes ergots pour ma défense,
Aussi fier que le coq de France
Sur la cime d'un vieux clocher.

Mon gosier clair, mon clair plumage
Font du bruit dans le voisinage,
Je suis le coq de mon village.

LE COQ DE VILLAGE.

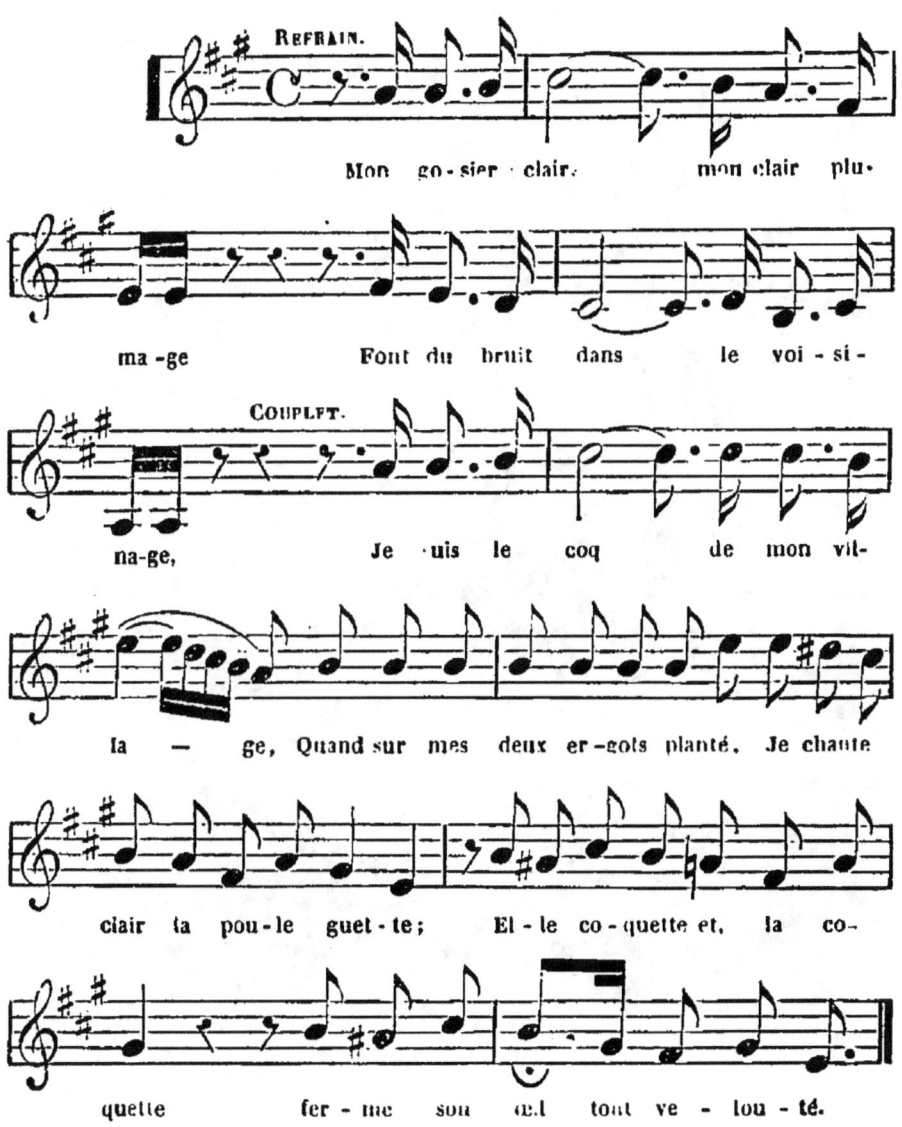

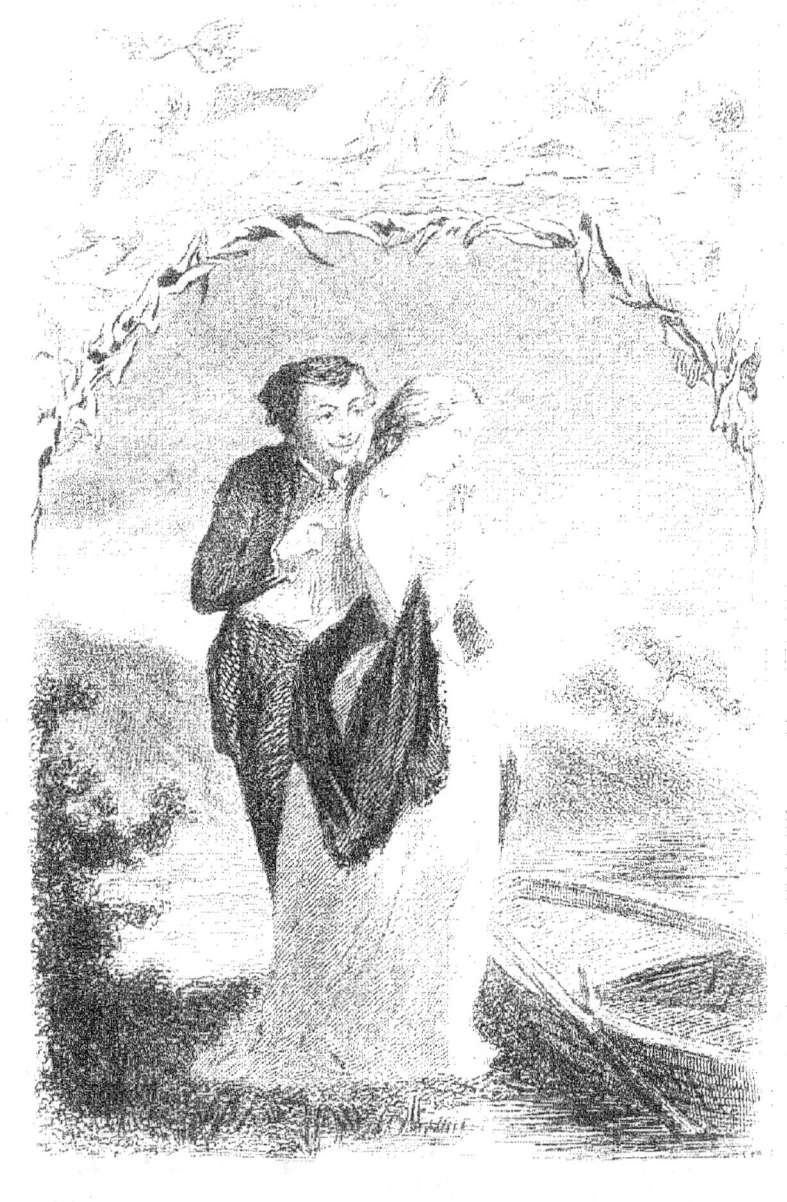

LA PROMENADE SUR L'EAU.

Avant que tes beaux yeux soient clos
Par le sommeil jaloux, ma belle,
Descendons jusqu'au bord des flots
Et détachons notre nacelle :
L'air tiède, la molle clarté
De nos étoiles qui se baignent,
Le bruit des rames qui se plaignent,
Tout respire la volupté.

  O mon amante !
  O mon désir !
  Sachons cueillir
  L'heure charmante !

Ainsi qu'une voile gonflé,
Le ciel qui forme ta coquille,
A tes pieds ruisselle étoilé
En tapis bleu où l'or scintille ;
Les vagues caresses du soir
Effleurent ta beauté divine :
Vénus, dans sa conque marine,
N'a pas un si beau nonchaloir.

  O mon amante !
  O mon désir !
  Sachons cueillir
  L'heure charmante !

Ta robe qui se joue au gré
De la brise capricieuse
Me laisse voir un pied nacré,
Une taille voluptueuse.
Redoute mon baiser brûlant,
Rajuste les plis de ton châle ;
Peut-être que la lune pâle
Est jalouse de ton cou blanc.

  O mon amante !
  O mon désir !
  Sachons cueillir
  L'heure charmante !

De parfums comme de lueurs
La nacelle amoureuse est pleine :
On dirait un bouquet de fleurs
Qui s'effeuille dans ton haleine.
Tes yeux par la lune pâlis
Semblent emplis de violettes ;
Tes lèvres sont des cassolettes,
Ton corps embaume comme un lis.

  O mon amante !
  O mon désir !
  Sachons cueillir
  L'heure charmante !

Vois-tu l'axe de l'univers,
L'étoile polaire immuable ?
Autour les astres dans les airs
Tourbillonnent comme du sable.

Quel calme ! que les cieux sont grands,
Et quel harmonieux murmure !
Ma main dedans ta chevelure
A senti des frissons errants.

    O mon amante !
    O mon désir !
    Sachons cueillir
    L'heure charmante !

Lettres plus nombreuses encor
Que tout l'alphabet de la Chine,
O grands hiéroglyphes d'or,
Je vous déchiffre et vous devine !
La nuit plus belle que le jour
Écrit dans sa langue immortelle,
Le mot que notre bouche épelle,
Le nom infini de l'amour.

    O mon amante !
    O mon désir !
    Sachons cueillir
    L'heure charmante !

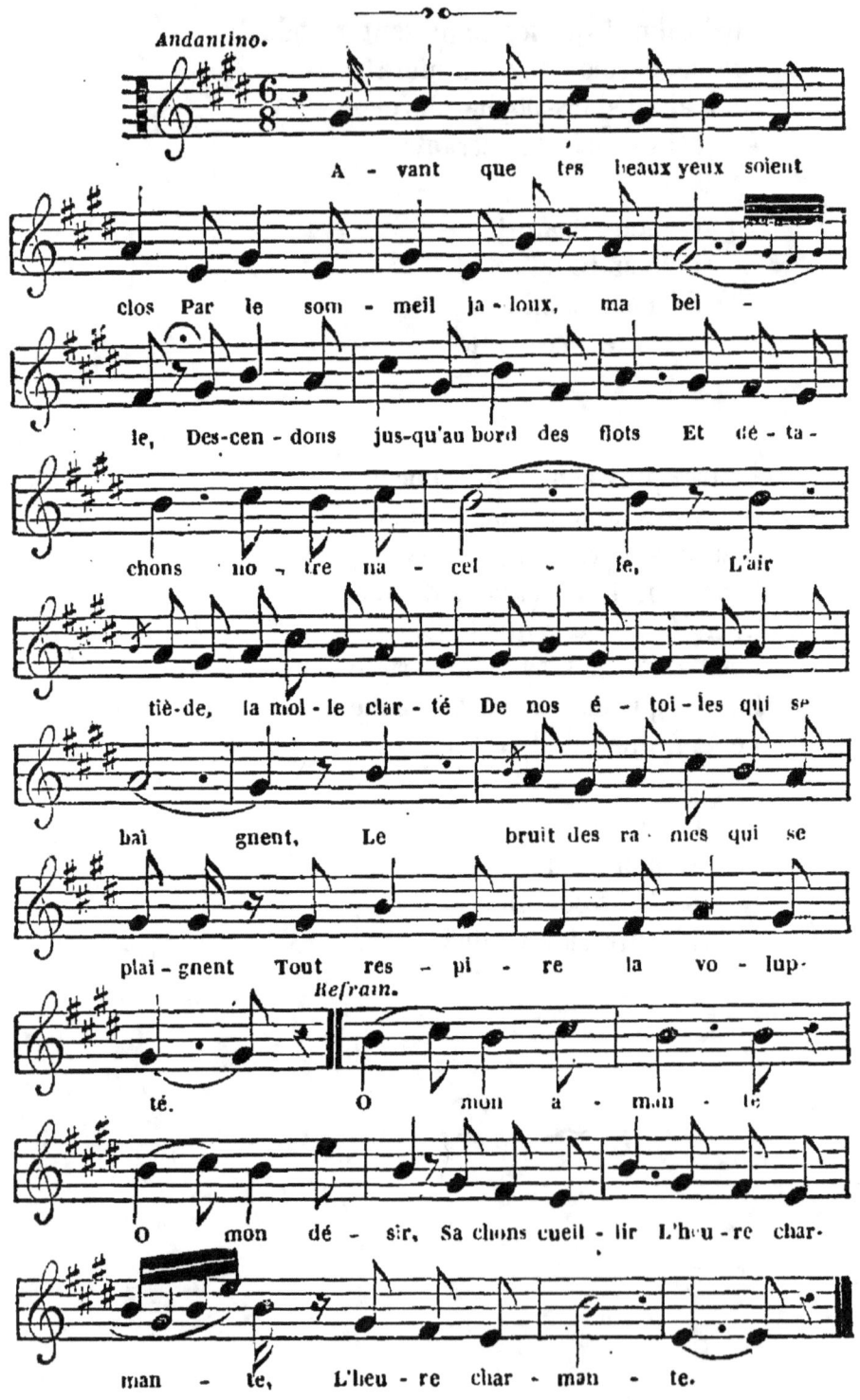

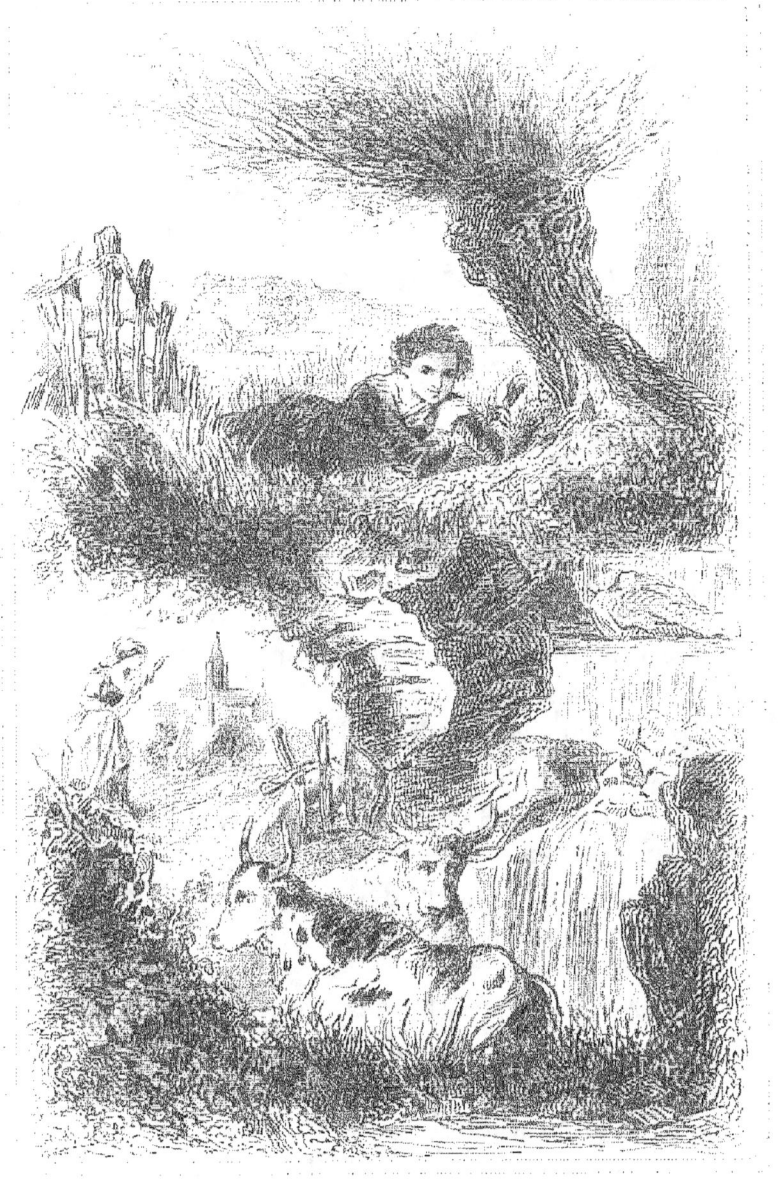

LA CHANSON DES PRÉS

LA CHANSON DES PRÉS.

Savez-vous la chanson des prés,
Qui porte à la mélancolie?
Allez l'entendre et vous verrez
    Qu'elle est jolie.

C'est la chanson que l'on entend
Dans la saison de la verdure,
Quand dans la grande herbe on s'étend,
Et qu'on n'a pas l'oreille dure.
Le vent dans les chalumeaux verts,
L'insecte dans les fleurs mi-closes,
Chantent et modulent des airs
Dont pâmeraient les virtuoses.

Savez-vous la chanson des prés,
Qui porte à la mélancolie?
Allez l'entendre et vous verrez
    Qu'elle est jolie.

Entendez-vous au creux du val
Ce long murmure qui serpente?
Est-ce une flûte de cristal?
Non, c'est la voix de l'eau qui chante;
Et ces gémissements partis
De ce feuillage de noisette :
Ne touchez pas à ses petits !
C'est la chanson de la fauvette.

Savez-vous la chanson des prés,
Qui porte à la mélancolie?
Allez l'entendre et vous verrez
    Qu'elle est jolie.

Les bœufs, les vaches, les brebis
Dans les prés ont la voix moins rude;
A l'etable c'est du pain bis,
C'est du miel dans la solitude.
Bêlements et mugissements,
Là vous me plaisez davantage;
Les airs des pâtres sont charmants
Dans la senteur du pâturage.

Savez-vous la chanson des prés,
Qui porte à la mélancolie?
Allez l'entendre et vous verrez
    Qu'elle est jolie.

Voyez derrière ce buisson
Luire ce jupon d'écarlate;
Écoutez bien cette chanson,
Comme une fusée elle éclate.
Cette bergère au teint hâlé,
Sous le charme de sa roulade,
Va vous tenir ensorcelé
Tant que durera sa ballade.

Savez-vous la chanson des prés,
Qui porte à la mélancolie?
Allez l'entendre et vous verrez
    Qu'elle est jolie.

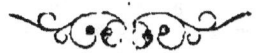

LA CHANSON DES PRÉS.

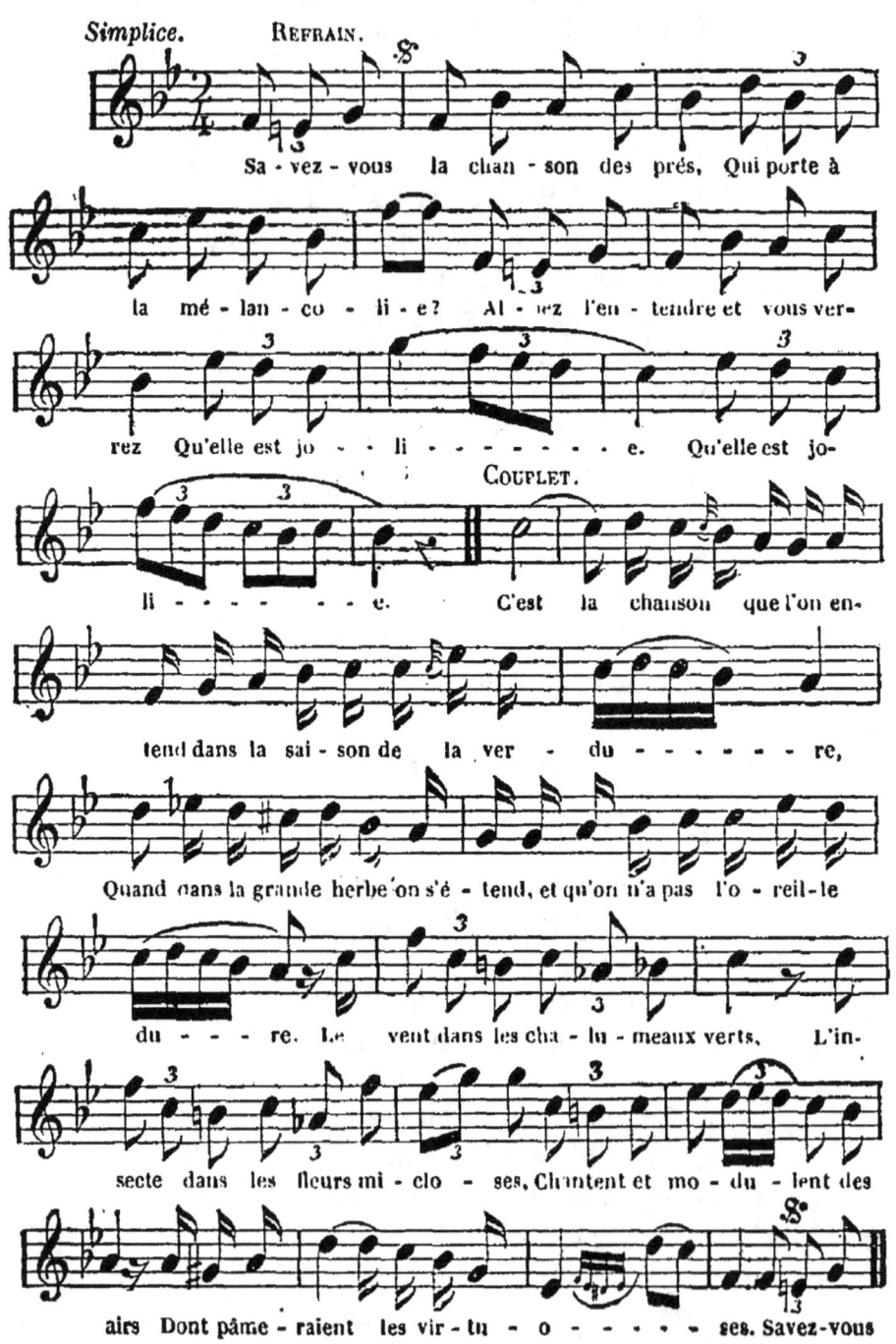

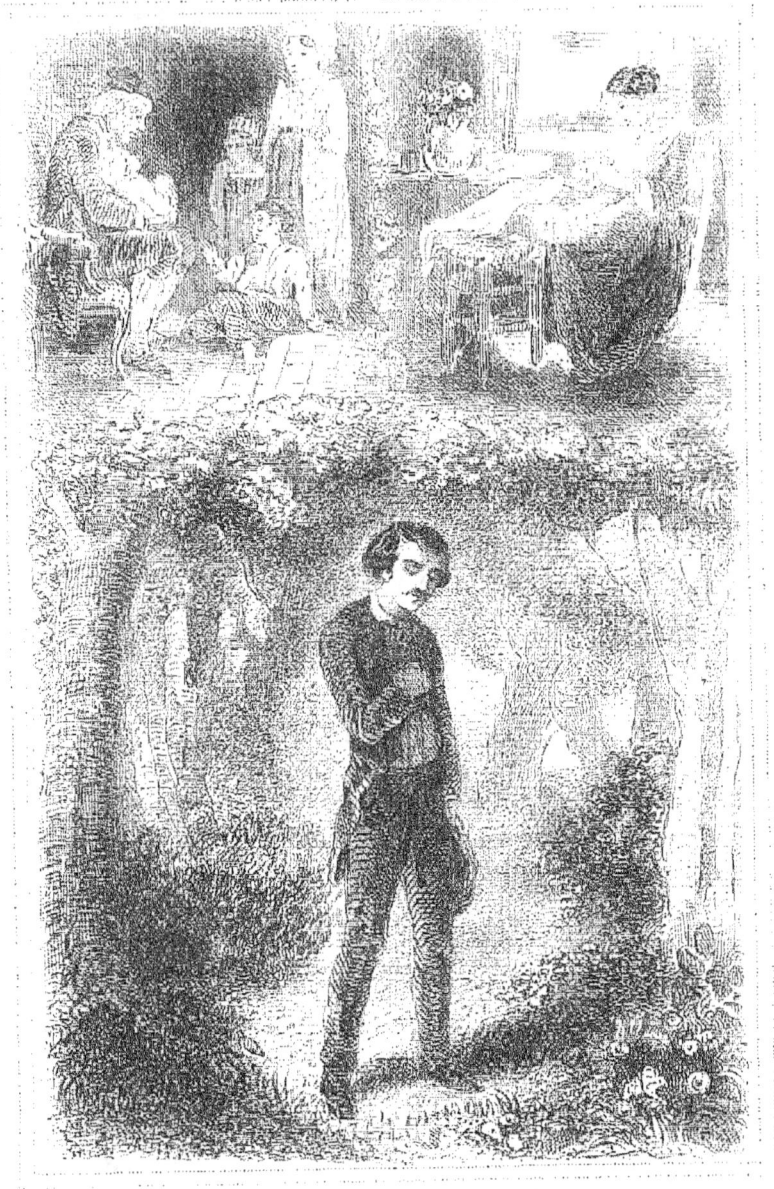

LE NOM DE MA SŒUR.

LE NOM DE MA SOEUR !

Savez-vous pourquoi, toute la semaine,
Je fais le sauvage, et pourquoi le soir,
Sous les noirs tilleuls, seul je me promène ?
Ne soupçonnez pas d'amoureux espoir :
Je cause tout bas avec l'adorée
Dont le souvenir ne m'est pas cruel ;
Je songe au bon temps d'une amour dorée
Des plus clairs rayons que Dieu garde au ciel.

  Et par instants, avec douceur,
  Je murmure le nom de femme,
  Qui vibre le mieux en mon âme,
    Le nom de ma sœur !

Savez-vous pourquoi j'aime les dimanches
Et les jours des saints que l'on chôme encor,
Où l'on voit briller, sur les moires blanches
Et sur le velours, les acanthes d'or ?
C'est que sous ses doigts ce métal s'effeuille
En un saint travail que Dieu doit bénir ;
A ces rameaux d'or, avide, je cueille
Le fruit savoureux de son souvenir.

Et par instants, avec douceur,
Je murmure le nom de femme,
Qui vibre le mieux en mon âme,
Le nom de ma sœur !

Savez-vous pourquoi j'aime les saulées
Les fleurs et les nids, trésors des buissons,
L'argent des ruisseaux, l'ombre des vallées
Les bois parfumés et pleins de chansons ?
Savez-vous pourquoi j'aime la famille,
Le vieillard courbé, l'enfant qui sourit
Je songe à son cœur d'humble jeune fille,
Où tout amour pur à l'ombre fleurit.

Et par instants, avec douceur,
Je murmure le nom de femme
Qui vibre le mieux en mon âme,
Le nom de ma sœur !

LE NOM DE MA SOEUR.

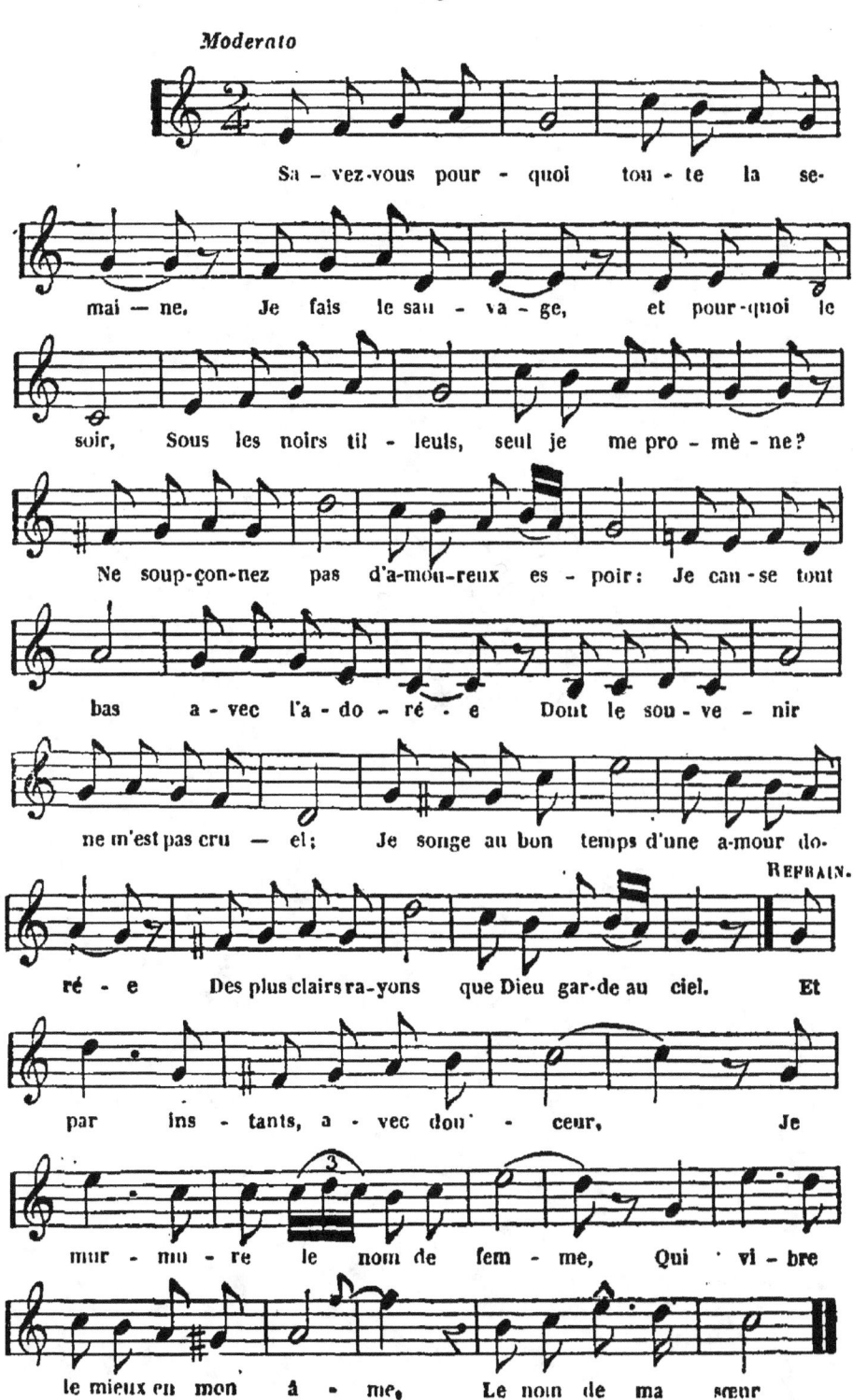

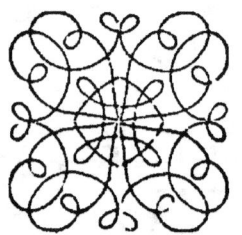

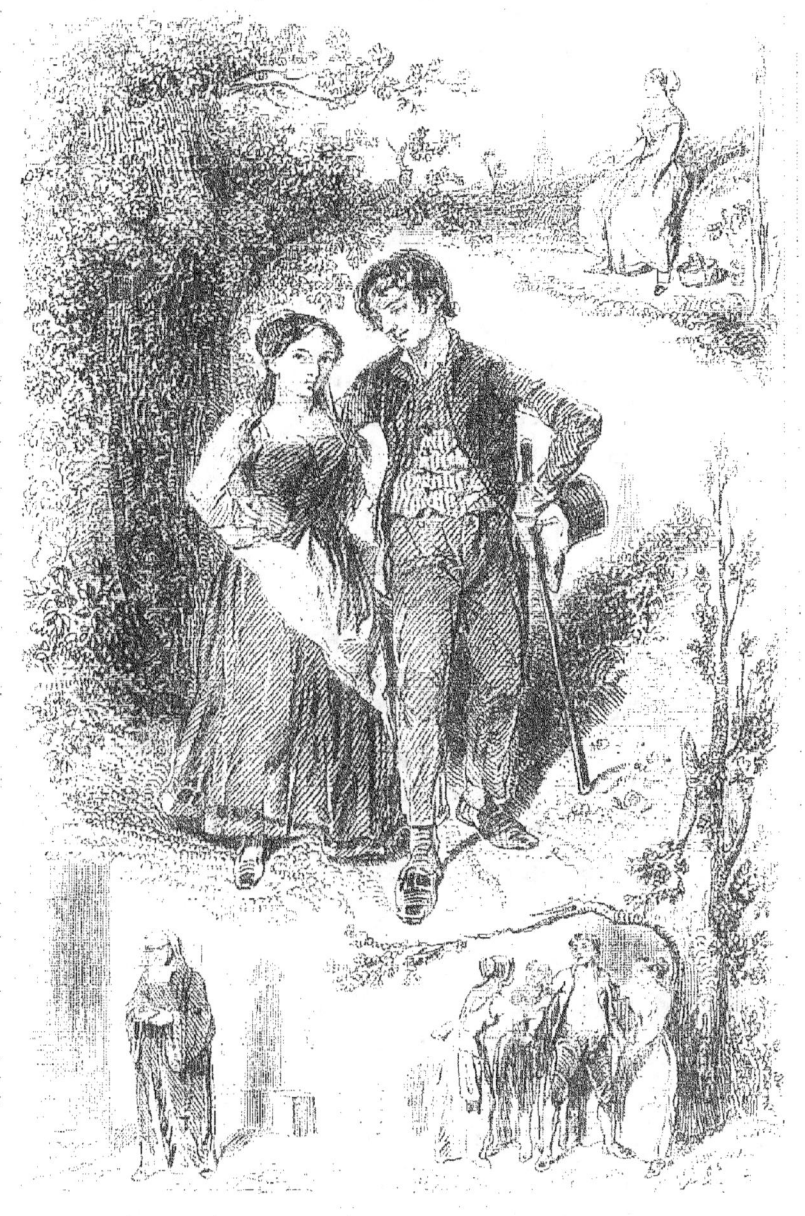

LA DÉLAISSÉE.

Je ne suis pas contente,
Mon cœur est en souci :
Mon âme est dans l'attente
   De mon ami ;
   Il est parti !

Parti pour la montagne
D'où l'on ne revient pas,
En laissant sa compagne
Seule avec ses hélas !
Seule dans la nuit noire,
Dans le jour blanc aussi,
N'ayant que ma mémoire
Pour me parler de lui.

Je ne suis pas contente,
Mon cœur est en souci :
Mon âme est dans l'attente
   De mon ami ;
   Il est parti !

Sa mine rouge et fière
A l'éclat du soleil ;
Au ciel et sur la terre
Il n'a pas son pareil,
Beau comme un capitaine,
Comme un tambour-major,
Plus beau sous la futaine
Qu'un autre en veste d'or.

Je ne suis pas contente,
Mon cœur est en souci :
Mon âme est dans l'attente
    De mon ami ;
    Il est parti !

T'en souvient-il encore
De nos soirs amoureux
Sous notre sycomore ?
Alors nous étions deux :
Les yeux bleus de la lune
Nous jetaient leur clarté,
Et je ne suis plus qu'une
En ce lieu regretté !

Je ne suis pas contente,
Mon cœur est en souci :
Mon âme est dans l'attente
    De mon ami ;
    Il est parti !

Le chapeau sur l'oreille,
Galant et fin parleur,
Comme on voit une abeille
Errer de fleur en fleur,
Il court de belle en belle
Leur promettant son cœur :
Ma belle demoiselle,
Voyez son air moqueur !

Je ne suis pas contente,
Mon cœur est en souci :
Mon âme est dans l'attente
    De mon ami ;
    Il est parti !

C'est un loup qui s'habille
En petit mouton blanc,
Que femme veuve et fille,
Doivent fuir en tremblant
Si l'on voulait s'entendre,
Oh! l'on s'en vengerait;
Nous le mènerions pendre
Au fond de la forêt.

Je ne suis pas contente,
Mon cœur est en souci :
Mon âme est dans l'attente
    De mon ami ;
    Il est parti !

C'est cruel, tout de même,
D'aimer et de haïr,
De tuer ce qu'on aime :
J'aimerais mieux mourir,
Il n'est que la rivière
Pour guérir si grand mal,
A moins de s'aller faire
Sœur dans un hôpital.

Je ne suis pas contente,
Mon cœur est en souci :
Mon âme est dans l'attente
    De mon ami ;
    Il est parti !

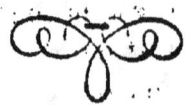

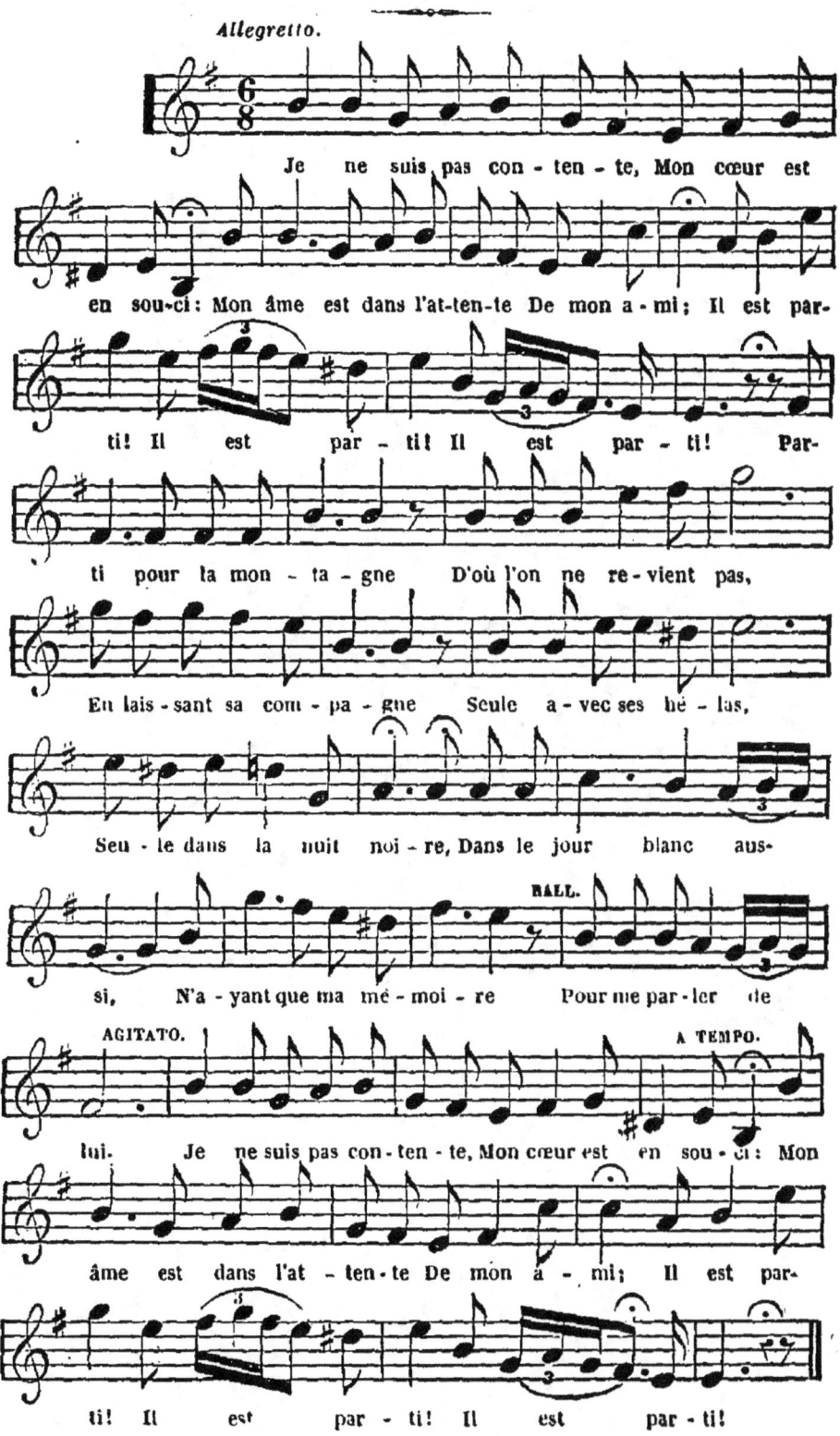

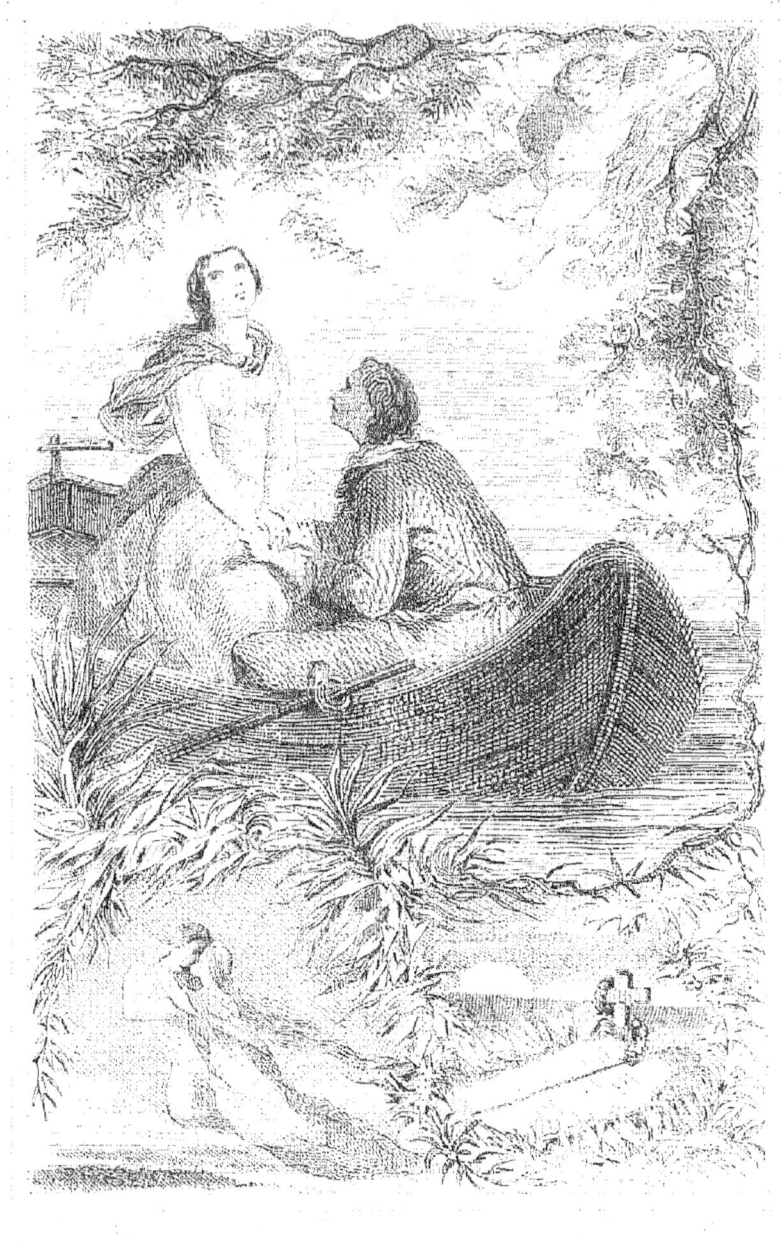

BARCAROLLE.

Voguons, ma belle amie,
Sur l'eau bleue endormie,
Sans souci de ramer.
Laissons pendre les rames
Et s'en aller nos âmes
Sur la pente d'aimer.

Suivons la pente si douce,
Sans regarder la rive fuir :
L'amour agite l'aile et pousse
Notre barque avec un soupir.

Voguons, ma belle amie,
Sur l'eau bleue endormie,
Sans souci de ramer.
Laissons pendre les rames
Et s'en aller nos âmes
Sur la pente d'aimer.

J'ai peur quand votre corps se penche
Pour cueillir l'iris à fleur d'eau ;
Voyez-vous! sous l'écume blanche,
Dans le sable d'or un tombeau.

Voguons, ma belle amie,
Sur l'eau bleue endormie,
Sans souci de ramer.
Laissons pendre les rames
Et s'en aller nos âmes
Sur la pente d'aimer.

Ah! suspendez, sans plus rien dire,
A mon cou vos deux bras nacrés;
Et si notre barque chavire,
Nous ne serons pas séparés.

Voguons, ma belle amie,
Sur l'eau bleue endormie,
Sans souci de ramer.
Laissons pendre les rames
Et s'en aller nos âmes
Sur la pente d'aimer.

Nos corps unis, sur le rivage,
Dans l'herbe s'enseveliront,
Et dans quelque rose sauvage
Nos deux âmes refleuriront.

Voguons, ma belle amie,
Sur l'eau bleue endormie,
Sans souci de ramer.
Laissons pendre les rames
Et s'en aller nos âmes
Sur la pente d'aimer.

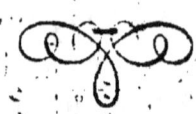

BARCAROLLE.

MUSIQUE DE M***.

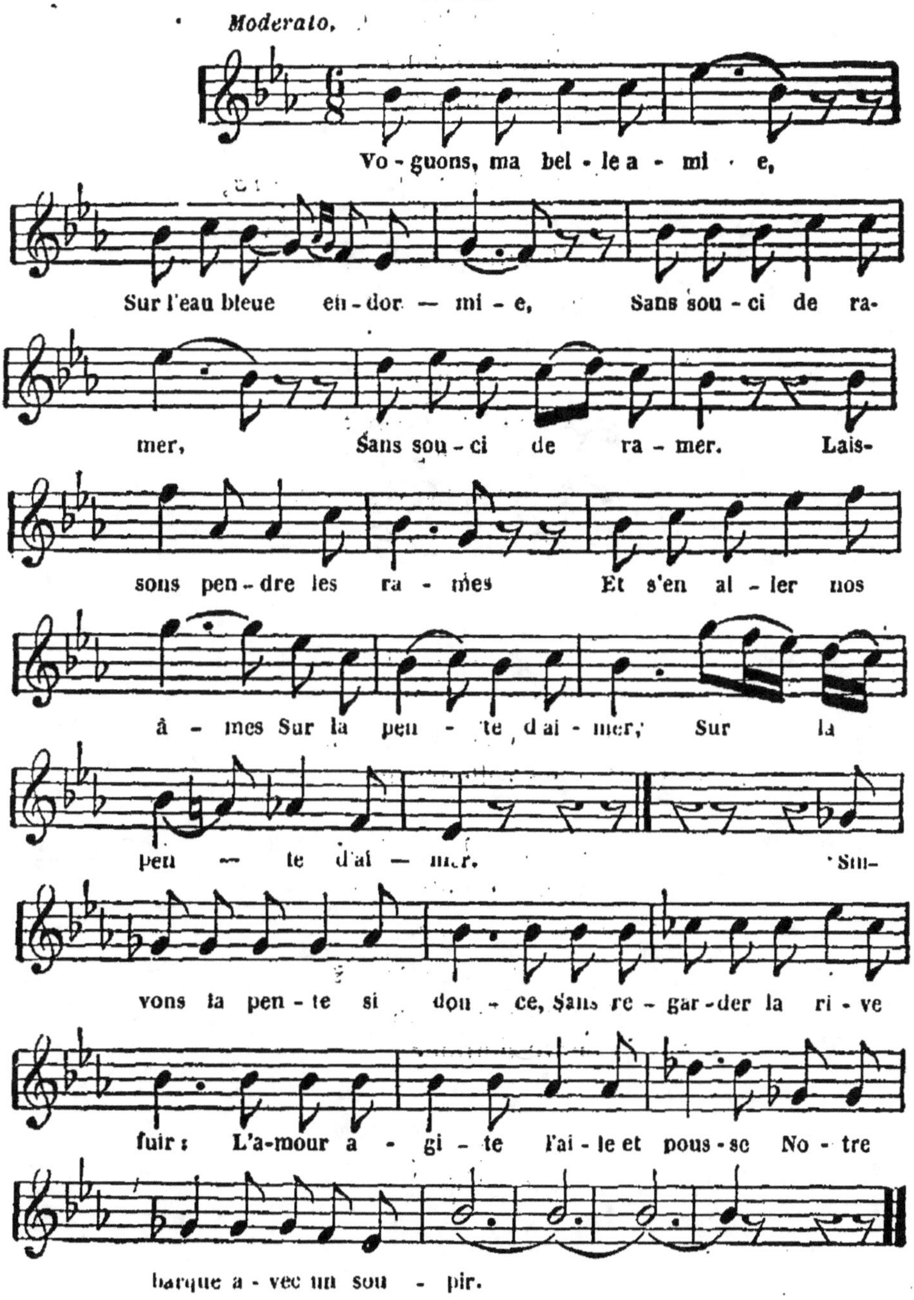

Moderato.

Vo-guons, ma bel-le a-mi-e, Sur l'eau bleue en-dor-mi-e, Sans sou-ci de ra-mer, Sans sou-ci de ra-mer. Lais-sons pen-dre les ra-mes Et s'en al-ler nos â-mes Sur la pen-te d'ai-mer, Sur la pen-te d'ai-mer. Sui-vons la pen-te si dou-ce, Sans re-gar-der la ri-ve fuir: L'a-mour a-gi-te l'ai-le et pous-se Notre barque a-vec un sou-pir.

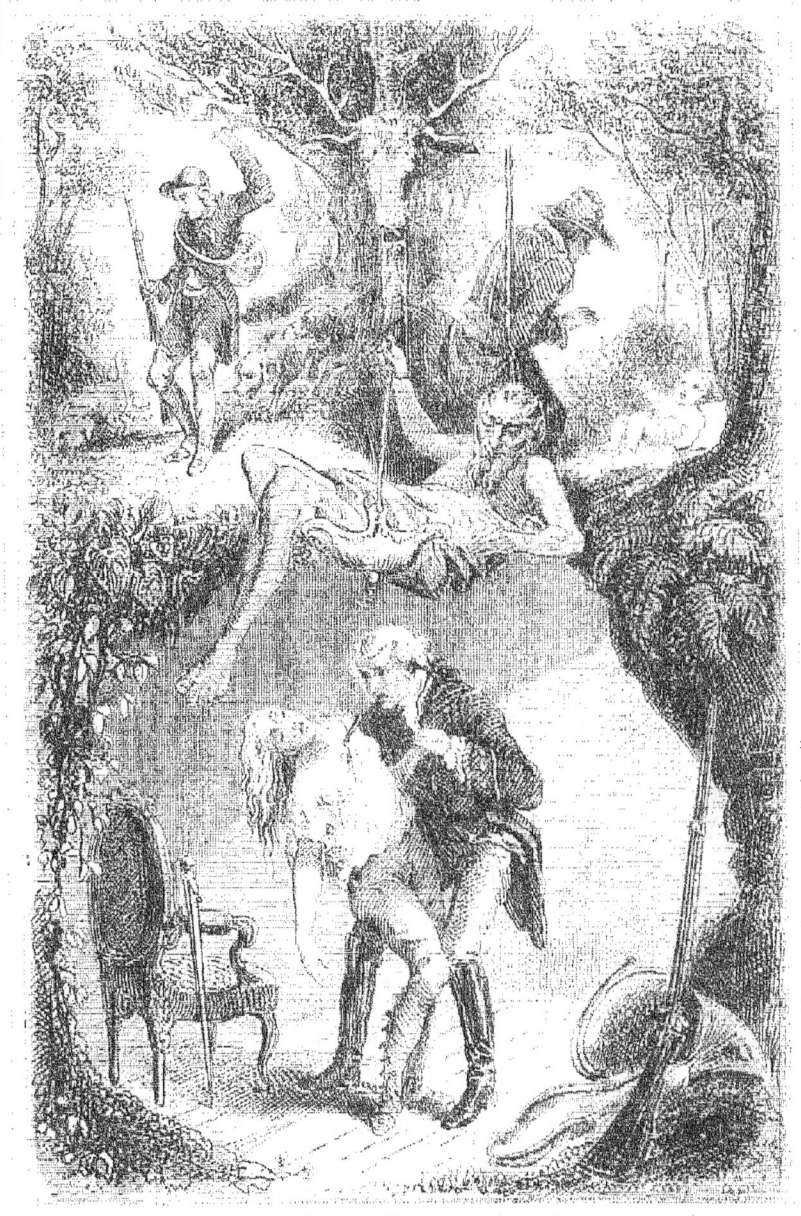

FLEUR DES PERLES.

Perle des fleurs et fleur des perles,
Blanche était née un beau matin,
Au chant des linots et des merles,
Dans la bruyère et dans le thym.
Un paysan l'avait trouvée,
Braconnier, dénicheur de faons,
Et depuis l'avait élevée
Entre ses chiens et ses enfants.

File, file, ma quenouille, file!
Bientôt le fil roux cassera;
Lampe buveuse, bois ton huile,
Tant que la mèche durera;
Bientôt Lucifer l'éteindra.

Fille de quelque blanche fée,
Habitante d'un noir donjon,
Branche de pommier franc greffée
Sur la tige d'un sauvageon,
Elle grandit, belle et proprette,
En ce chenil des braconniers;
On aurait dit une chevrette
Perdue avec les sangliers.

File, file, ma quenouille, file!
Bientôt le fil roux cassera;
Lampe buveuse, bois ton huile,
Tant que la mèche durera;
Bientôt Lucifer l'éteindra.

A quinze ans cette fille fière
Avait tous les goûts d'un veneur;
Elle chassait avec le père
Sur les terres de son seigneur.
Était-ce pour piller la chasse
Qu'elle suivait les braconniers?
La levrette chassait de race,
On le devinait à ses pieds.

File, file, ma quenouille, file!
Bientôt le fil roux cassera;
Lampe buveuse, bois ton huile,
Tant que la mèche durera;
Bientôt Lucifer l'éteindra.

Un matin, avant la lumière,
Blanche, pourchassant un renard,
Hélas! fut prise la première,
Et tomba dans le traquenard.
La belle enfant trouvée au piége,
En habit de jeune chasseur,
Ne put cacher son teint de neige,
Ni de ses yeux bleus la douceur.

File, file, ma quenouille, file!
Bientôt le fil roux cassera;
Lampe buveuse, bois ton huile,
Tant que la mèche durera;
Bientôt Lucifer l'éteindra.

On emmène la pauvre fille
Dans la chambre du grand veneur.
Çà, mes gens, qu'on la déshabille!
Mes yeux verront son déshonneur.

A l'instant même que le traître
Frémissait de voir son bras nu,
Dans la blancheur il vit paraître
Certain signe qu'il reconnut.

File, file, ma quenouille, file !
  Bientôt le fil roux cassera ;
  Lampe buveuse, bois ton huile,
  Tant que la mèche durera ;
  Bientôt Lucifer l'éteindra.

Sortez, mes gens ! Avec tendresse
Il prend la vierge entre ses bras,
Comme un bon père la caresse...
Blanche ne voit pas, n'entend pas.
Elle saisit, tout indignée,
Un coutelas, et, vers le cœur,
S'ouvrit une large saignée...
C'était la fille du vengeur !

File, file, ma quenouille, file !
  Bientôt le fil roux cassera ;
  Lampe buveuse, bois ton huile,
  Tant que la mèche durera ;
  Bientôt Lucifer l'éteindra.

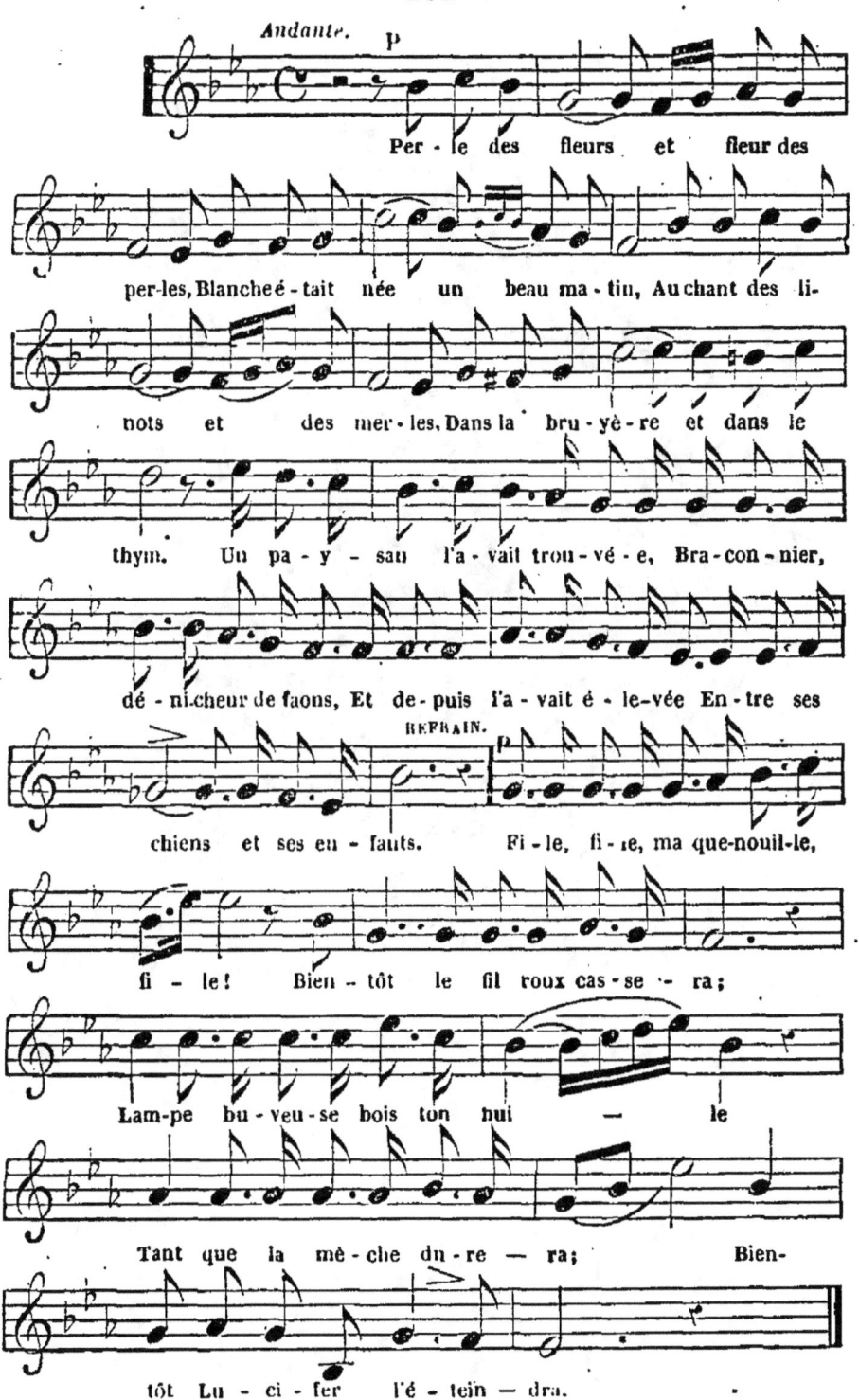

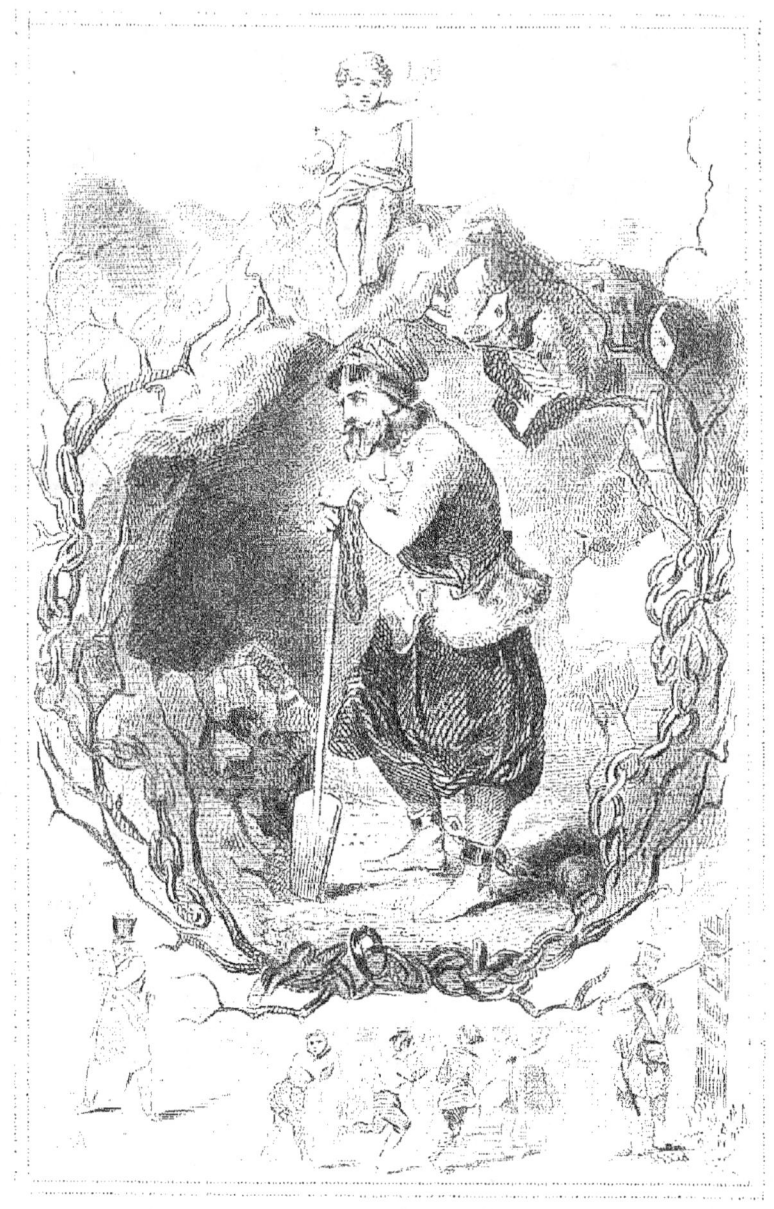

LA SIBÉRIENNE.

LA SIBÉRIENNE.

1847.

Nous rentrons dans l'âge de fer :
Bourreau, fais l'apprêt du supplice !
Liberté, bon droit et justice
Ne sont plus que des mots en l'air.
Nos pères croyaient voir l'aurore
D'un âge libre et florissant ;
Ils ne voyaient qu'un météore
Chargé d'une vapeur de sang.

  Adieu patrie
   Et liberté !
 Ce qui n'est pas décapité
   Est fouetté
  Vers la Sibérie.

Eh quoi ! tout un peuple oserait
Se dire libre sur la terre !
Il faut le contraindre à se taire,
Il faut étouffer son secret.
A cette horde vagabonde
Refusez le pain et le sel,
Qu'il ne soit plus en lieu du monde
D'asile à ce grand criminel.

  Adieu patrie
   Et liberté !
 Ce qui n'est pas décapité
   Est fouetté
  Vers la Sibérie.

Si quelqu'un s'avise ici-bas
De redresser un peu la tête,
Son front attire la tempête,
L'embûche rampe sous ses pas.
Socrate n'est plus qu'un impie,
Galilée est chargé de fers ;
Sur une croix Jésus expie
La rédemption des pervers.
    Adieu patrie
      Et liberté !
Ce qui n'est pas décapité
      Est fouetté
    Vers la Sibérie.

Tyrannie ! ô monstre géant !
Ta faim n'est jamais assouvie,
Il faut que toute noble vie
S'abîme en ton gosier béant.
Agneaux, taureaux, boucs et colombes,
Par centaines sacrifiés,
Sont tes plus humbles hécatombes ;
Il te faut des peuples entiers.
    Adieu patrie
      Et liberté !
Ce qui n'est pas décapité
      Est fouetté
    Vers la Sibérie.

Au moins n'avons-nous pas baisé
Le pied fourchu de cette idole ;
Nous luttons de notre parole,
Notre glaive s'étant brisé.
Frères ! notre cause est la vôtre !
Que le plus petit d'entre vous
Se lève et se change en apôtre
Pour annoncer les droits de tous !

Adieu patrie
Et liberté !
Ce qui n'est pas décapité
Est fouetté
Vers la Sibérie.

L'homme, sitôt qu'il vient au jour,
A tout le genre humain pour frère,
Et dès le ventre de sa mère
A droit à la vie, à l'amour.
En prenant sa part dans l'ouvrage
Il a, pourvu qu'il aime un peu,
Un coin libre dans l'héritage,
Et ne doit de compte qu'à Dieu.

Adieu patrie
Et liberté !
Ce qui n'est pas décapité
Est fouetté
Vers la Sibérie !

Tous ces droits sacrés nous sont pris
Par la tyrannie... Anathème !
Entendez notre cri suprême,
Hommes libres de tous pays.
Qu'un hurra lointain nous réponde
Quand nous allons nous engloutir !
Dieu doit la liberté du monde
Au râle d'un peuple martyr.

Adieu patrie
Et liberté !
Ce qui n'est pas décapité
Est fouetté
Vers la Sibérie.

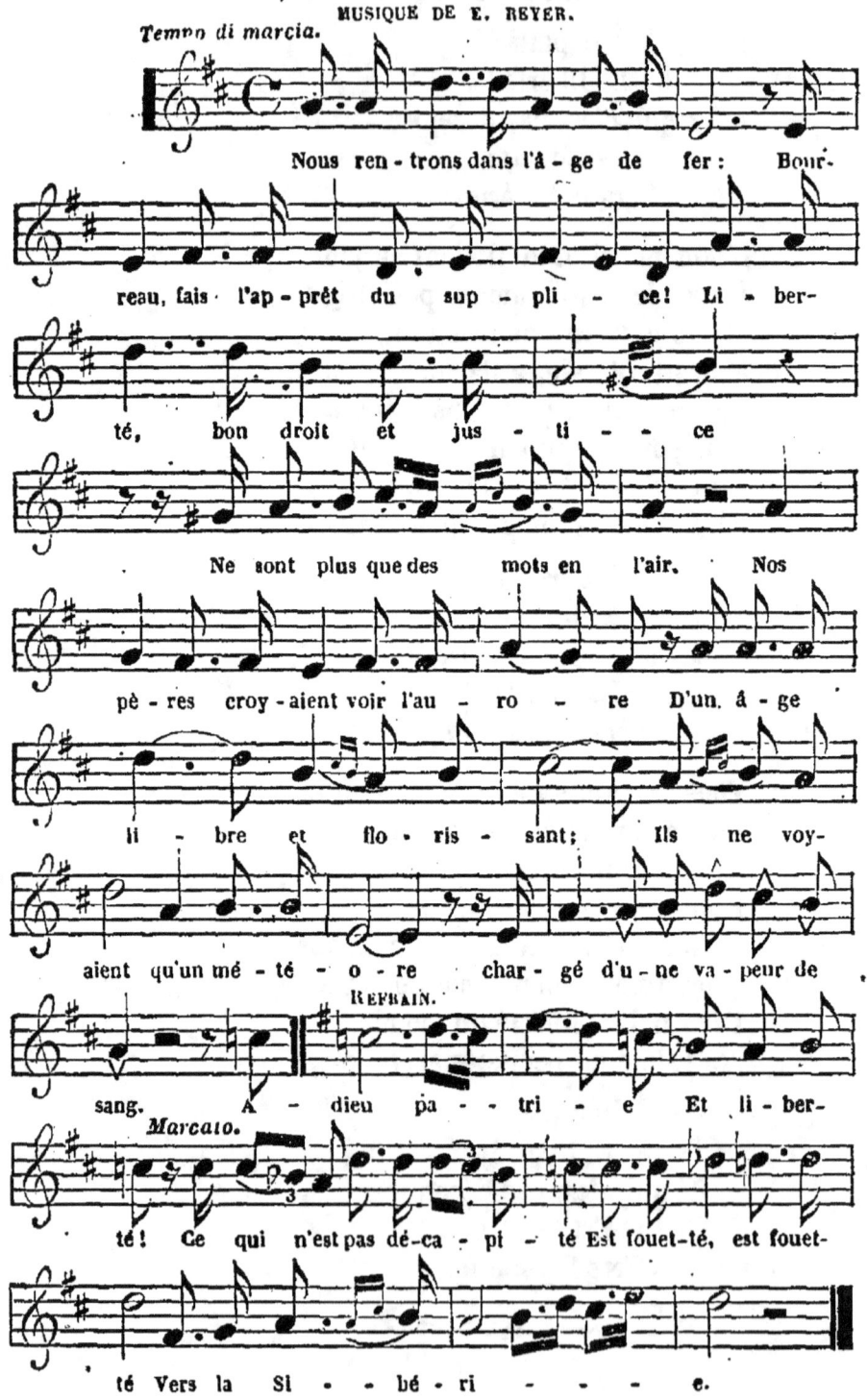

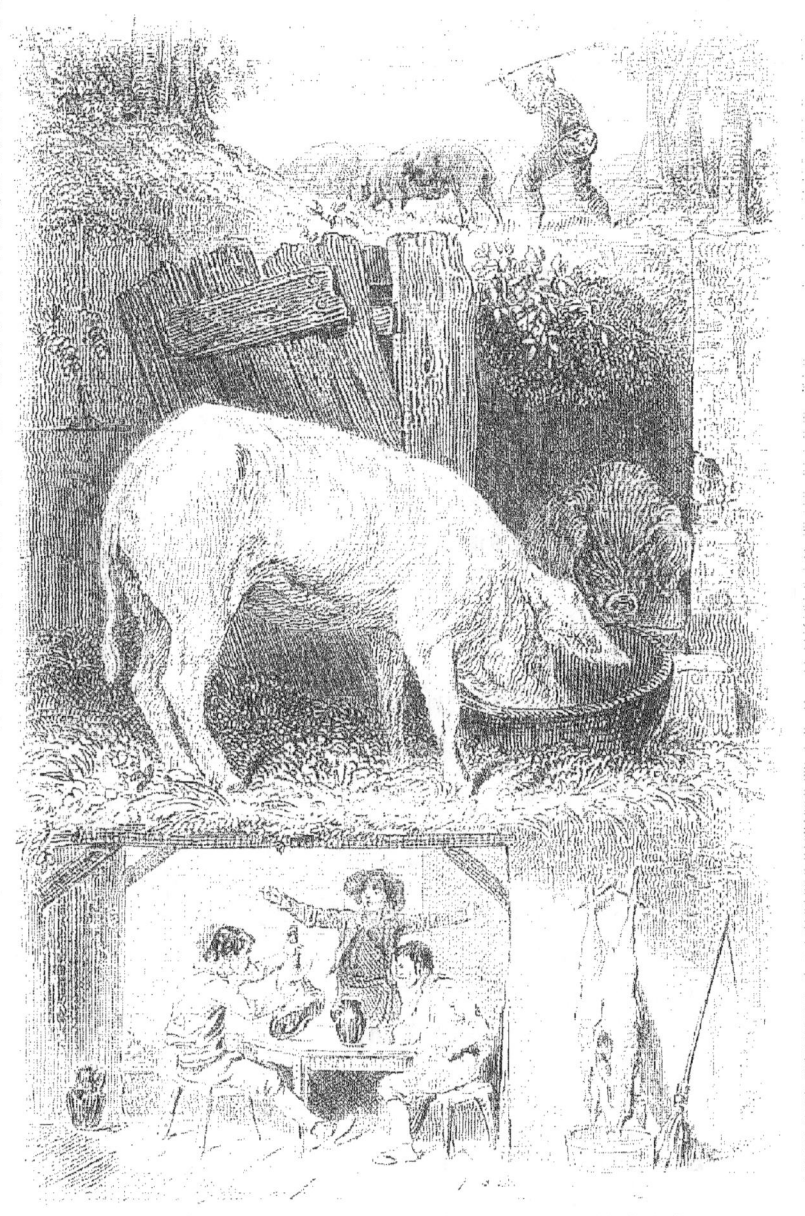

LE COCHON.

LE COCHON.

Entrons-nous dans cette chaumière
D'où sort la bonne odeur du lard ?
La soupe aux choux à sa manière
Fait les doux yeux : prenons-y part!
Le pauvre que nourrit sa graisse
Du cochon ne parle point mal;
Laissons l'orgueil et la paresse
Insulter ce noble animal:

Saint Antoine, ouvre tes oreilles,
Retrousse un peu ton capuchon :
Nous allons chanter les merveilles
Et les qualités du cochon.

Enfant bâtard de la nature
Le cochon fut le sanglier;
Mais l'homme a remplacé la hure
Par le grouin plus familier.
Il a de sa vieille origine
Gardé l'œil vif, le pied fourchu :
Au poids du ventre et de l'échine
On reconnaît un roi déchu.

Saint Antoine, ouvre tes oreilles,
Retrousse un peu ton capuchon :
Nous allons chanter les merveilles
Et les qualités du cochon.

Le cochon n'est pas difficile :
Dans le fumier, dans les égouts,
La nourriture la plus vile
Ne répugne point à ses goûts ;
Mais, en philosophe, il préfère
Le gland, le fruit du châtaignier,
La pomme de terre et l'eau claire,
A la fange, à l'eau du bourbier.

Saint Antoine, ouvre tes oreilles,
Retrousse un peu ton capuchon :
Nous allons chanter les merveilles
Et les qualités du cochon.

Un bon porcher jamais ne laisse
Les verrats pourrir sous leurs toits :
En pleine terre il les engraisse
Et dans les vieux fournils des bois ;
Dans la grande mare il les baigne,
Les frotte avec du romarin ;
Quand ils sont malades, les saigne,
Et leur fait boire un coup de vin.

Saint Antoine, ouvre tes oreilles,
Retrousse un peu ton capuchon :
Nous allons chanter les merveilles
Et les qualités du cochon.

Le porc flaire la truffe noire
Comme un chien d'arrêt la perdrix.
D'aucuns sont vendus à la foire,
Les autres salés au logis.
Sur les feux de réjouissance
Comme on saute à califourchon,
Dans nos vieux villages de France,
Quand on saigne et brûle un cochon!

Saint Antoine, ouvre tes oreilles,
Retrousse un peu ton capuchon :
Nous allons chanter les merveilles
Et les qualités du cochon.

C'est toujours aux veilles de fête
Qu'on tue un beau périgourdin;
Il est bon des pieds à la tête.
D'abord on mange le boudin;
Si la fête est carillonnée,
On décroche le vieux jambon
Qui s'enfume à la cheminée.
Le vin blanc le fait trouver bon.

Saint Antoine, ouvre tes oreilles,
Retrousse un peu ton capuchon :
Nous allons chanter les merveilles
Et les qualités du cochon.

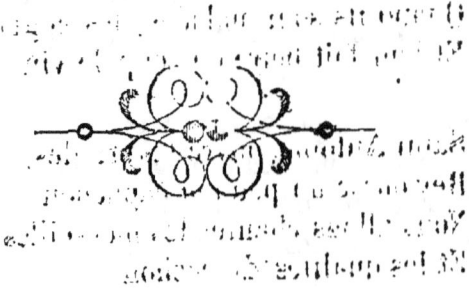

LE COCHON.

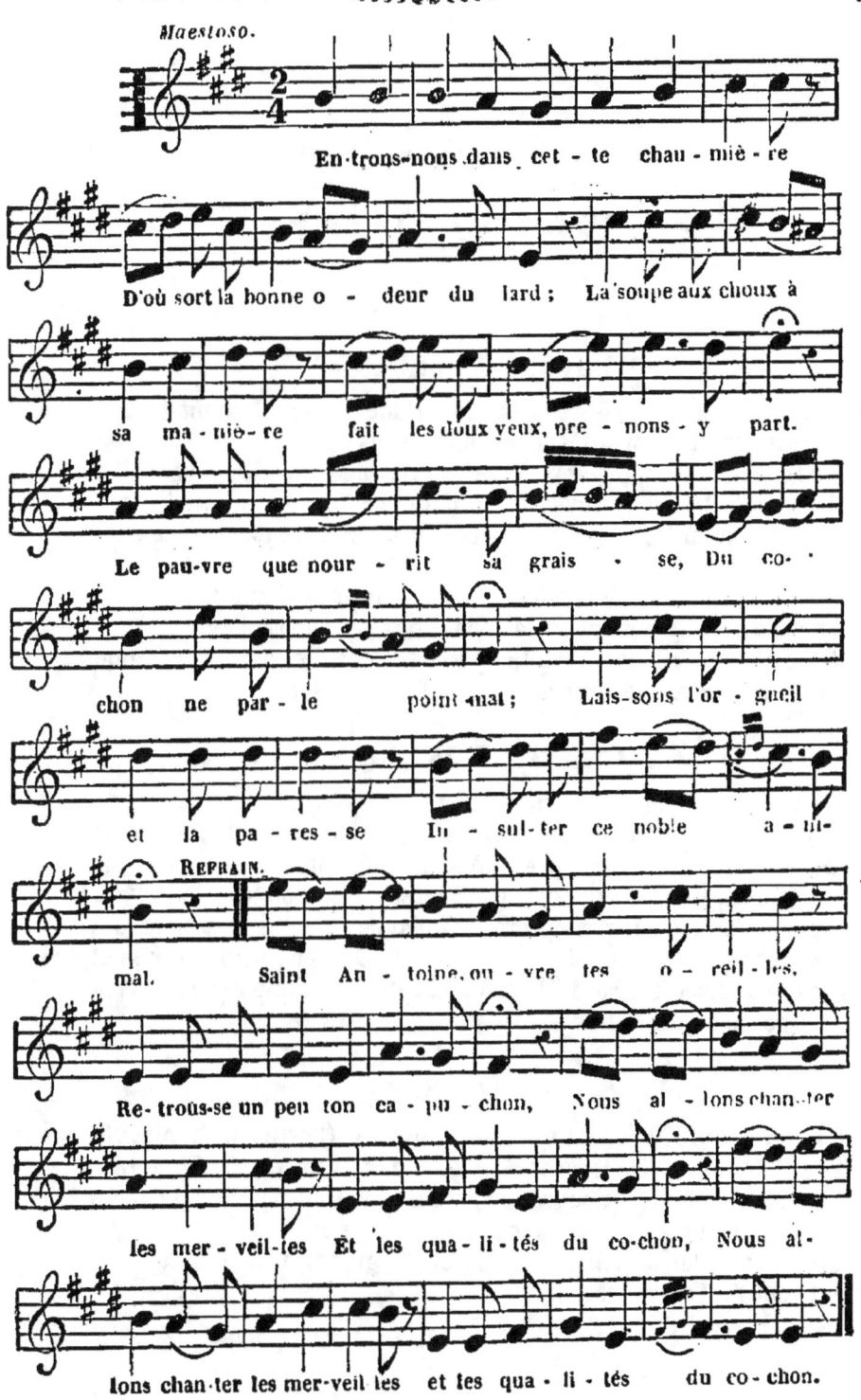

NOTES

DU TOME DEUXIÈME.

1 DUPONT MUSICIEN.

On a vu dans une notice précédente que Pierre Dupont trouve les airs de ses chansons, mais ne sait pas les noter.

Ernest Reyer, jeune compositeur et critique de musique, veut bien se charger de transcrire avec une fidélité scrupuleuse et intelligente les inspirations mélodiques de l'auteur qui figurent dans cette édition.

En outre, à la demande de l'éditeur, il a formulé sur Pierre Dupont musicien ce jugement où la louange, inspirée par l'amitié et les relations fréquentes, se trouve tempérée et contrôlée par une critique pleine de finesse et d'à-propos.

2 LA MÈRE JEANNE.

Cette chanson du genre rustique est arrivée à la popularité de l'orgue de Barbarie et du chant forain ; seulement il s'est fait sur le même air, sous un titre presque semblable et souvent avec les mêmes rimes, une contrefaçon grossière qui se débite à la faveur du nom de l'auteur. Il y a encore des plagiaires, et des éditeurs qui se font leurs complices ! Il en est de cela comme du vin frelaté et des marchandises altérées : la foule est dupe, mais elle paie. C'est à elle à se défier de la fraude.

3 EUSÈBE.

La chanson d'Eusèbe est une douce utopie. C'est la chaîne nouée entre la tradition et le progrès. Le vieux droit et l'antique race reconnaissent le droit nouveau sans qu'il soit besoin de recourir à la force ; l'amour seul et la science sont le moyen. Heureuse l'époque où l'on a pu rêver de telles choses, si de grands malentendus n'étaient venus à l'encontre !

P. D.

4 L'HOSPITALITÉ.

> Son escalier de pierre grise
> Est doux au pas de l'étranger.

Dante avait dit : « Il est dur de monter l'escalier d'autrui. » En des circonstances moins périlleuses, il est vrai (après juin 1849), le pauvre poëte a trouvé un seul ami et une protection sûre. Divulguer un service rendu et le nom des personnes est un devoir dont le temps se chargera ; mais aujourd'hui ce serait offenser une modestie qui double le prix du bienfait.   P. D.

5 LE CHANT DU VOTE.

Le 31 mai 1850, l'assemblée législative a voté une loi qui avait pour but de restreindre le suffrage universel direct, en imposant aux électeurs, comme condition du vote, la constatation de deux ans de domicile. *Le Chant du vote* date de la discussion de cette loi.

6 LE LAVOIR.

Souvenir d'Avon près de Fontainebleau ; on y trouve, jusque dans la forêt, des lavoirs très pittoresques.

7 LE CHAUFFEUR DE LOCOMOTIVE.

Virgile a reproduit par l'harmonie imitative de sa poésie le bruit que fait la vapeur s'échappant d'un chaudron où cuit le vin doux, sans se douter de la puissance de cet élément. Cependant, 120 ans avant J.-C., Héron d'Alexandrie, a déjà expérimenté la force motrice de la vapeur. Que de siècles écoulés de cette première idée à l'application que nous voyons aujourd'hui de la vapeur à l'industrie, et que d'hommes de génie ont concouru à l'application de cette force merveilleuse ! Combien sont morts à la peine, combien sont restés obscurs ! A côté de Salomon de Caus, Papin, Savery, Newcomen, Watt et Fulton, les pionniers de l'histoire du progrès auront à placer quelque jour les noms des inventeurs oubliés dont les travaux avaient pris date sur la liste des brevets, mais qui n'ont pu réaliser leur plan.

8 LES JOURNÉES DE JUIN.

Ce chant a été fait deux jours après les terribles journées de juin 1848, sous l'impression de terreur et de désespoir qu'elles avaient laissée dans tous les esprits. Une note serait insuffisante pour rappeler au lecteur ce souvenir qui saignera longtemps au cœur de la patrie. Il demanderait toute une histoire. Des deux parts l'acharnement fut terrible et les étrangers ne purent s'empêcher de dire : « Quels seraient de tels ennemis s'ils s'unissaient contre nous ! »   P. D.

9 LES PLATANES.

En 1847, un homme fort connu dans le monde élégant eut la fantaisie de mettre en musique des poésies de Pierre Dupont, et acquit de lui deux romances : les *Platanes* et *Barcarolle*. Depuis, il a bien voulu donner à l'éditeur le droit de reproduire sa musique, tout en gardant l'anonyme. Il n'est désigné ici que par son chiffre. Ce qu'il y a de curieux dans cette collaboration fortuite, c'est que le personnage dont nous parlons, a occupé dans le gouvernement un des premiers postes en décembre 1851, pendant que notre poëte avait sérieusement à craindre pour sa liberté.   (*Note de l'éditeur.*)

10 LE GARDEUR D'OIES.

On dit que leur voix fut utile,
Une nuit, dans les temps anciens.

Allusion à la prise du Capitole.

On dit qu'à la fête prochaine
A l'oie on va couper le cou.

Aux fêtes de village, de jeunes paysans suspendent une oie à une corde ou l'enterrent jusqu'au cou, et, les yeux bandés, le sabre en main, ils essaient, à tour de rôle, de couper le cou à l'oie. Un récent arrêté du préfet de la Loire interdisait dans son département cette barbare coutume.

11 DIEU SAUVE LA RÉPUBLIQUE.

Des Romanofs et des Hapsbourgs.

Races qui occupent le trône en Russie et en Autriche.

12 LA COMPLAINTE DE CLAUDIE.

> L'auteur, dit-on, est une dame
> Qui l'a glané dans le Berri.

Madame George Sand, encouragée par le succès de *François le Champy*, a fait représenter sur le théâtre de la porte Saint-Martin, en janvier 1851, une nouvelle idylle sous le titre de *Claudie*. Comme dans la première pièce, elle obtint un succès de larmes. N'était-ce pas l'occasion d'adresser un hommage sympathique à cette femme illustre dont le talent ne connaît pas de barrières et dont le cœur va tout naturellement aux simples et aux petits ?

Le dessin est de Maurice Sand, son fils. On sait que madame Sand habite le Berri, une partie de l'année.

13 LE RÉVEILLON DE PARIS.

Cette chanson a été comme improvisée pour être chantée à table, à un réveillon d'étudiants. Elle peint d'après nature les mœurs un peu débraillées de cette jeunesse ; mais dans la musique et les vers du refrain, le sentiment se relève et le souvenir de la nuit de Noël éclate :

> Avec la bûche de Noël,
> Qui dans la sombre cheminée
> Trace une route illuminée
> D'autant d'étoiles que le ciel.

14 LA ROMANCE DU PEUPLIER.

En 1850 on a coupé dans Paris les arbres de liberté qui avaient été plantés et bénits après février 1848.

15 LA FÊTE DU CURÉ.

Le curé dont Pierre Dupont célèbre ici la fête est celui chez lequel s'est écoulée une partie de son enfance, à Rochetaillée-sur-Saône, près de Lyon (voir la notice du tome I, page 8).

16 MON BIEN-AIMÉ.

Ce chant fait allusion à l'auteur quittant la capitale après la journée du 13 juin 1849 et à tous ceux qui se trouvaient dans la même nécessité.

¹⁷ LA FILLE DU CABARET.

Sa mère une grosse gaillarde.

Réminiscence indirecte de *Madame Grégoire* de Béranger, avec l'intention voilée de placer *la Fille du cabaret* sous le patronage de cet illustre maître.

¹⁸ LE RÊVE QUE J'AI RÊVÉ.

Et du produit de mes chansons,
N'oubliez pas que je les donne.

Il n'en est heureusement plus ainsi ; et, comme le fait observer le judicieux biographe de Pierre Dupont (tome I, page 9), ce sera pour lui un grand honneur « d'avoir, jeune, forcé la muse à jouer un » rôle utile, immédiat, dans sa vie. » (*Note de l'éditeur.*)

¹⁹ LA FRANCE A PIE IX.

Chant qu'expliquent les tendances premières manifestées par le souverain pontife. Les espérances qui l'ont inspiré à l'auteur ont dû être singulièrement modifiées par les événements.

²⁰ LA CHANSON DE LA SOIE

Dédiée à la ville de Lyon, patrie de l'auteur.

La culture du mûrier et la fabrication de la soie ont eu lieu primitivement en Chine, 2,000 ans avant l'ère chrétienne. Deux moines persans apportèrent de l'Empire-Céleste à Constantinople, des vers à soie et des feuilles de mûrier ; c'était vers le vi⁰ siècle. Depuis cette époque, les étoffes de soie se sont vulgarisées en Orient et en Occident ; mais en France, ce ne fut qu'au xiii⁰ siècle qu'on s'occupa de cette fabrication. Sous le rapport du dessin et du tissage notre pays surpasse toutes les autres nations ; les métiers inventés par Vaucanson et Jacquard y ont puissamment contribué.

P. Vinçard.

²¹ REGINA.

Vivier a fait la musique de cette romance, ainsi que celle de *Casta*, du *Roi de la Roche*, et de plusieurs autres. Vivier est le fameux corniste qui fait sortir d'un seul cor jusqu'à trois et quatre sons en parfaite harmonie. L'auteur, avant d'être connu, a vécu près de deux ans avec Vivier dans une intimité artistique parfaite, qui n'a du reste jamais été interrompue que par les longues absences et la diversité des carrières

²² LE COQ DE VILLAGE.

Espèce de Don Juan de village. Cette chanson a été faite à la demande d'Hoffmann, le naïf chanteur des *Bœufs*, pour figurer dans une pièce intitulée : *Les Trois paysans*, qui a été jouée aux Variétés.

²³ LA CHANSON DES PRÉS.

Sainte-Beuve a consacré quelques lignes sympathiques à cette bluette dans une de ses *causeries du lundi* ayant pour titre : *Hégésippe Moreau et Pierre Dupont.*

²⁴ FLEUR DES PERLES. — Chant de veillée.

La forêt de Fontainebleau et sa légende du grand veneur ont inspiré à l'auteur cette légende toute nouvelle et qui n'emprunte à la première que le type du grand veneur en le plaçant dans une tout autre situation. Le sens moral qui se cache sous la fable n'échappera pas aux esprits perspicaces, et aux personnes surtout qui ont conservé l'instinct inné de la pudeur.

²⁵ LA SIBÉRIENNE.

Ce chant a trait au démembrement de la Pologne, comme le *Chant des nations* (tome I, page 143). Le dessin, dans le style de l'art russe, est exécuté par un réfugié polonais.

FIN DES NOTES DU TOME DEUXIÈME.

TABLE DES MATIÈRES

DU TOME DEUXIÈME.

Pierre Dupont musicien, par E. Reyer.	Notice.
La Mère Jeanne	1
Eusèbe	5
L'Hospitalité	9
Le Chant du vote	13
Le Lavoir	17
La Sérénade	21
Le Chauffeur de locomotive	25
Les Journées de juin	29
La Vache blanche	33
Les Platanes	37
Le Gardeur d'oies	41
Dieu sauve la République	47
Le Tisserand	51
La Complainte de Claudie	55
Le Réveillon de Paris	59
La Romance du peuplier	63
Le Tonneau	67
La Fête du curé	71
Le Cerf	75
Mon bien-aimé	79
La Comtesse Marguerite	83
La Fille du cabaret	87
Le Garçon de moulin	91
La Chanson de Jeannette	95
Le Rêve que j'ai rêvé	99

TABLE DES MATIÈRES.

La France à Pie IX...	103
Casta..	109
La Chanson de la soie..	113
Régina..	117
Les Fraises des bois...	121
La Ronde des paysannes.....................................	125
Le Coq du village...	129
La Promenade sur l'eau.......................................	133
La Chanson des prés...	137
Le Nom de ma sœur..	141
La Délaissée..	145
Barcarolle...	149
Fleur des perles..	153
La Sibérienne...	157
Le Cochon..	161
Notes du tome deuxième.....................................	165

FIN DE LA TABLE DU TOME DEUXIÈME.

www.ingramcontent.com/pod-product-compliance
Lightning Source LLC
Chambersburg PA
CBHW052250220526
45471CB00001B/264